Katharina Petzoldt
En klein Kölsch-Lektion

Katharina Petzoldt

En klein Kölsch-Lektion

REGIONALIA

VERLAG

Katharina Petzoldt: En klein Kölsch-Lektion

Copyright © 2016 by Regionalia Verlag GmbH, Rheinbach
Alle Rechte vorbehalten.

Layout und Satz: Manuela Wirtz, www.manuwirtz.de
Titelfoto und Einbandgestaltung: muellertext, Köln

Printed in Poland
ISBN 978-3-95540-241-9

www.regionalia-verlag.de

Inhalt

Vorwort

Hineingeboren am 09. Juli 1939 und aufgewachsen in echt kölschem Milieu in der „Herthamannsjass" im Herzen von Zollstock – einem liebenswerten „Veedel", in dem sie noch heute wohnt – kommt Katharina Petzoldt schon als kleines Mädchen in engen Kontakt zur kölschen Sprache und kölschen Lebensart. Ihre schulische Ausbildung im „Vringsveedel" am Severinswall wird sicher zur Vertiefung ihrer unendlichen Liebe zu ihrer Heimatstadt Köln und dem unverwechselbaren Idiom beigetragen haben.

Erst etliche Jahre später entschließt sie sich, als Seminarleiterin an der „Akademie för uns kölsche Sproch" aktiv zu werden und hat inzwischen seit fast drei Jahrzehnten unendlich viele Generationen von Akademieabsolventen an ihrer Heimatliebe teilhaben lassen. Besonders am Herzen liegen ihr die kölsche Literatur und das kölsche Liedgut. Hier engagiert sie sich in einem speziellen Seminar.

Neben einigen Veröffentlichungen in früherer Zeit erfreut die Autorin seit Jahren einen immer größer werdenden Leserkreis mit ihren „Verzällchen", mit denen sie aktuelle Tagesthemen aber auch Historisches aus Köln und der Region aufgreift und mit viel Herzblut beschreibt, stets amüsant und mit einer gehörigen Portion Humor in einem erfrischenden und direkten Sprachstil, für den das Kölsche ja hinlänglich bekannt ist. Das Herz liegt eben auf der Zunge oder wie hier auf dem Schreibtisch.

Mit dem vorliegenden Buch erfüllt sich Katharina Petzoldt einen lang gehegten Wunsch, ihre aus der eigenen Feder über viele Jahre entstandene Sammlung von („Wat versteit mer unger…?") zumeist nicht alltäglich verwandten Begriffen der kölschen Sprache als „En klein Kölsch-Lektion" zu publizieren und einer breiteren Leserschaft zugänglich zu machen. Natürlich „op Kölsch" – für imitierte Kölsche teilweise auch mit hochdeutscher Übersetzung – werden in alphabetischer Reihenfolge der Wortsinn von „kölschen Vokabeln" anhand lebensnaher Beispiele erklärt. Mitten aus dem Leben schöpft die Mutter zweier Kinder und mehrfache Oma ihre Erläuterungen zu Wortbedeutungen. Feinsinnig spürt sie den Hintersinn von Kölschbegriffen in ihrer oftmaligen Doppel- oder Mehrfachdeutigkeit auf. Mit ihren beispielhaften Erklärungen zeigt die Autorin die Lebendigkeit der kölschen Sprache und die vielfältigen Verwendungsmöglichkeiten im Tagesgeschehen. Mit einem liebevollen, teilweise schelmischen Augenzwinkern schafft es Katharina Petzoldt auch, deftig-derbe Ausdrucksweisen dem Leser näher zu bringen und Anregungen für den Sprachgebrauch im Alltagsleben zu bieten.

Mit diesem Buch füllt sie eine Lücke im reichhaltigen kölnischen Sprachschatz. Es ist kein Wörterbuch, sondern eher ein Handbuch zur Anwendung im täglichen Leben und lässt vielfache Begriffe wieder lebendig werden, die selbst vielen Kölnern so nicht mehr gebräuchlich sind.

Ich wünsche diesem Buch von Herzen einen Stammplatz in jeder Kölsch-Bibliothek und Ihnen, liebe Leserin, lieber Leser, „vill Spass aan der Freud" beim Studium der „klein Kölsch-Lektion".

Köln, im Mai 2016

Manfred Ehrhardt

Abennemang

Wat versteit mer unger nem Abennemang?

Dat Woot kütt us dem Französische, vun abonnement (Bezug mit Vorbezahlung). „Ich ben och abenneet em Thiater. Dat Thiaterabennemang (Theaterabonnement) hann ich allt iwich (immer, habe ein Anrecht auf einen bestimmten Platz)." „Der Jupp hät allt zick Johre dat Kiesblättche (kleine minderwertige Zeitung) abenneet." Scherzhaft: „Do künns der och e Abennemang en Jalkhuse nemme (du bist reif für die Irrenanstalt in Galkhausen). Diese nennt sich heute LVR Klinik Langenfeld.

Abtrett

Wat ess ne Abtrett?

Wa´mer ens muss, „tritt mer av" en dat heimlije Stüvvje (man zieht sich zur Entleerung zurück in das heimliche Gemach). Hück hö´t mer dat Wötche Abtrett – wat lateinisch Locus heiß – nit mih su off. Hück säht mer Höffje, Hüsje, Klo odder vörnähm: Toilette, WC odder Null Null. „Maach vöraan, ich muss och ens nüdich op et Höffje."

Ädäppel

Wat versteit mer unger nem Ädäppel?

Ne Ädappel ess op Huhdütsch ein Erdapfel, eine Kartoffel. Mer kann Ädäppele schelle (schälen), schrabbe (abschaben), rieve (reiben), koche, brode (braten) un dämpe (dämpfen). Et bess schmecken se, wa'mer Rievkoche (Reibekuchen, Kartoffelplätzchen, Kartoffelpuffer) drus backen deit un die dann met Röbekruck (Rübenkraut) drop. „Mamm, Mamm, schnapp der de Pann (Pfanne), meer wolle Rievkoche hann!"

Ähze

Wat versteit mer unger Ähze?

„Ich muss hück die Ähze en de Weich setze (Erbsen einweichen), morje jitt et bei uns Ähzezupp (Erbsensuppe)." Ein Sprichwort lautet: „Wä Ähze iss, kütt aan et Kühme (bekommt schmerzhafte Blähungen)." Im übertragenen Sinne: „Do kütt dä widder met singe ahl Ähze (alte Geschichten)." „Muss dä dann immer die ahl Ähze (längs Abgetanes) opwärme (hervorholen)?" Mer kann ävver och wie op Ähze jonn (tippeln, kleine Schritte machen). „Ich hann die Ähz (Beiname für einen kleinen, rundlichen Menschen) lang nit mih jesinn. Lääv die üvverhaup noch?"

Alaaf

Wat versteit mer unger Alaaf?

„Kölle, Alaaf!" Dat Woot Alaaf bedück em Huhdütsche all ab, alsu eijentlich all av, alles andere abwärts. „Kölle, all af (Köln, alles andere nicht hoch, sondern nieder, Köln vor allem anderen)!" Et weed ävver usser op Kölle och op Vereine, Jesellschafte un Lück ussjerofe, su wie Hoch un Hurra! „Alaaf de kölsche Kirmesse, do jeit et löstich zo!" „Su rofe mer uss op uns schön Vatterstadt: Dreimol Kölle, Alaaf! Kölle, Alaaf! Kölle, Alaaf!!!" Un dat nit nor em Fasteleer (Karneval)!

Amerau

Wat versteit mer unger Amerau, Amelang, Am(m)elung?

Amerau ess ne kölsche Usdruck, dä mer hück nit mih odder nor noch janz selde jebruch un dä meint esuvill wie „angenehme Nachtruhe". Jeit mer nohm Bett, dann säht mer „Amerau zesamme"; odder wa'mer noh ner Fier des Ovends op Heim aanjingk woodt Amerau jewünsch. Och dat Woot Amelang säht mer hück nor noch selde. Amelang meint ne koote Augenbleck.

Dat Woot kütt us dem Huhdütsche vun Amenlang; esu koot wie mer Amen säht. Dat dretter Wöötche met Ame am Aanfang un wat mer hück och nit mih off hö't ess Am(m)elung wat suvill heiß wie: „Do hann ich Loss odder Appetit drop." „Ich hann nen sooren Hirring jejesse. Do hatt ich esu richtich Am(m)elung drop."

Ammelung

Wat versteit mer unger Ammelung?
Dat ess e schön alt kölsch Woot, wat hück ävver nit mih esu off jebruch weed. Ammelung bedück: op jet Loss hann (auf etwas Lust, Verlangen haben). „Mer sin beim Kättche (der Name Käthe aus Katharina) enjelade, ävver ich hann üvverhaup keine Ammelung (kein Verlangen), do hin ze jonn." „Dat kann ävver jot koche! Wann de sühs, wat dat op der Desch brängk, kriss de Ammelung (Appetit). Mer kritt Ammelung (Verlangen), öntlich eren ze haue (viel zu essen)!" „Nä, wann ich die Bajaasch (unangenehme Gesellschaft) sinn, die söns noch do ess, verjeit mer der Ammelung."

Appeltiff

Wat versteit mer unger ner Appeltiff?
„Die fuul Äppel (faulen Äpfel) hann ich Sambsdaach om Maat bei der ahl Appelkriemersch (Obstverkäuferin, wörtlich Apfelkrämerin) jekauf." Derber ausgedrückt: „Bei där Appeltiff muss do fies (sehr) oppasse, eine fuckakije (faulen) Appel fusch (pfuscht) se der immer en de Blos (Papiertüte)." „Die Ahl kann schänge (schimpfen) wie en Appeltiff (eine alte oder unsympathische Frau, die um Schimpfworte nicht verlegen ist)."

Aprelsjeck

Wat versteit mer unger Aprelsjeck?

„Am ehschte Aprel scheck mer de Jecke, wo mer well." Am ehschte Aprel muss mer oppasse, dat mer nit veruuz (nicht zum Narren gehalten) un mer nit en der Aprel jescheck weed. Jän määt mer dat met Pänz odder met Lück, die et all jläuve, wat mer inne verzällt. Un wa´mer inne et Blaue vum Himmel vörlüch. Die wäden dann Aprelsjeck jerofe. Zeidunge dunn dat am ehschte Aprel och jän. Alsu, nit all dat jläuve, wat am ehschte Aprel en der Zeidung steit!

Augetrus

Wat versteit mer unger Augetrus?

„Do kütt mi Hätzblättche (Herzblättchen), minge Augetrus (Augentrost, die oder den man gerne sieht)!" Ablehnend, ironisch säht mer: „Jangk mer fott met däm Augetrus. Dä kanns de en der Pief rauche (der taugt nichts)." Et jitt ävver och e Blömche (Wiesenblume Ehrenpreis) wat Augetrus heiß un wat mer avkoche kann. Die Bröh (abgekochtes Blumenwasser) ka´mer för möd odder malätzije (kranke) Äujelcher (Augen) jebruche.

avbööschte

Wat versteit mer unger avbööschte?

„Met dä dreckelije Schohn kanns Do nit mih jonn, dunn se et ehsch ens öntlich avbööschte (abbürsten)!"
Mer kann ävver och ne Minsch avbööschte (verprügeln). „Pass op Kälche, wann ich aan dich kumme (wenn ich dich kriege), dann wees do ens esu richtich avjeböösch." „Ich jonn, ich hann de Nas voll, ich loße mich vun deer nit mih länger su avbööschte (scharf zurechtweisen)."

avkratze

Wat versteit mer unger avkratze?

Wa' mer durch der Matsch jelaufen ess, muss mer de Schohn avkratze.
Jeit mer einer op der Wecker (fällt mir auf die Nerve, wird mir einer über-
drüssig), wünschen ich mer, dat dä avkratz, sich verdröck (davon macht).
Hät mer jet ussjefresse, muss mer flöck avkratze, sich us dem Stöpp maache
(laufen gehen). Ein ziemlich brutale Ausdrucksweise ist: Dä ess allt letz Johr
avjekratz (gestorben).

Bäbbelsmul

Wat versteit mer unger ner Bäbbelsmul?

„Dat Weckelditzje (gewickeltes Kind, Säugling) bubbelt (plappert) sich luuter
(immer, fortwährend) selvs jet vör (unterhält sich selbst). Dat hät e richtich
klein Bäbbelsmülche (Plappermäulchen)." „Die/dä (diese oder dieser) bäbbelt
(sinnloses Geschwätz) einem e Ohr av (einem durch sinnloses Geschwätz
auf die Nerven fallen); die/dä kann sing Bäbbelsmul/Bäbbelsschnüss (Bab-
belsmaul/Plappermaul) nit halde. Däm sing Bäbbel (Mund) steit der janzen
Daach nit stell (redet den lieben langen Tag)."

Bajaasch

Wat versteit mer unger Bajaasch?

Dat Woot kütt us dem Französische, vun bagage (Heeresgepäck). „Dat ess
et all, mih Bajaasch hann ich nit." Met Bajaasch kann och de Famillich (Fa-
milie) jemeint sin (sozusagen die Last, die man mit sich schleppt). „Ich wor
fruh, wie die janze Bajaasch widder fott wor." „…..Mer freut sich wann se
kumme/ un ess jlöcklich wann se jonn…" (Dat ess us nem Leedche vum
Ludwig Sebus.) Mer säht och för fiese Nohbere odder Jesellschafte: „Su en
Bajaasch! Met denne well ich nix ze dunn hann!"

Bangendresser

Wat versteit mer unger nem Bangendresser?

„Bei däm Jewedder (Gewitter) ess et mer angs un bang jewoode (habe ich Angst bekommen)." Mer kann ävver och einer bang maache (jemanden in Angst und Schrecken versetzen) odder vör jet bang sin (sich vor etwas fürchten). „Do bruchs nit bang ze sin, dat do noch ens jet vun mer kriss (bilde dir bloß nicht ein, dass du noch einmal etwas von mir bekommst)." Einer, dä vör allem bang ess, nennt mer dann Bangendresser (Ansthase, der sich vor Angst in die Hosen macht).

Baselemanes

Wat versteit mer unger Baselemanes?

Dat Woot Baselemanes kütt us dem Spanische beso las manos (küss die Hände). „Maach doch nit immer su ene Baselemanes (übertrieben höfliches Getue, Kratzfüße, Komplimente, Verneigungen)." „Dä räch mich op, dä määt immer esu ne Baselemanes, dä ahle Schuumschläjer (Schaumschläger, Angeber, Wichtigtuer)." „Maach doch nit immer su e Jedöns (Umstände) un loß dä Baselemanes blieve (sein)."

beiere

Wat versteit mer unger beiere?

Em ahle kölsche Beier-Leedche vum Jakob Packenius heiß et: „Spillmannsjass, do Rackerpack (Schelmenpack, wat nit fies jemeint ess), hät Flüh (Flöhe) em Sack, hät Strüh (Stroh) em Sack." Dat wor dat Beierreimche vun der Faar St. Johann Baptist. Wä weiß dann hück noch, wat mer met beiere meint? Fröher dät mer met beiere de Kirmes enlügge. Dobei woodten dann nit de Kircheklocke jelück, nä, die sin met nem Klöppel aanjeschlage woode. Jede Faar (Pfarrei) hatt e ander Leedreimche, noh däm jebeiert wooden ess. Dat vum Dom heeß: "Halt fass am Rich, do Kölsche Boor./ Maach et falle söß ov sohr./ Kölsche Jung en Leid un Freud./ Bliev dem ahleKölle treu!"

Bestemo

Wat ess en Bestemo, ne Besteva?

Beste ess am besten un Mo ess Mamm (Mutter). He ess de Bestemo (Moder) de Oma, die de Beste ess. „Mer jingke, wie mer noch klein wore, jän bei uns Bestemo un unse Besteva (Großvater, Opa). De Bestemo kunnt immer esu schön verzälle, un mer kunnt se öm de Fingere weckele (sie hat uns jeden Wunsch erfüllt). Unse Besteva wor ne jotmödije Schluffe (ein gutmütiger Mensch)." Zesamme met dem Hännesche, dem Bärbelche un dem Maretzenbill sin die zwei em kölsche Hännesche-Thiater (Puppenspiele der Stadt Köln) nit mih fottzedenke.

Bichstohl

Wat ess ne Bichstohl?

Wann mer dat Woot Bichstohl (Beichtstuhl) hö´t, denk mer aan dat kleine Holzhüsje en der Kirch met nem Stohl, op däm der Pastur odder der Kaplon (Kaplan) sitz. Bei denne kann mer sing Sünde loss wäde.

Dä Bichstohl, dä ich meine, steit ävver en ahl Bräuese (Brauhäuser). Dat ess e Kuntörche (ital. contoro „Zahlstube") us Holz un Jlas. En däm soß der Weet odder sing Frau (hück süht mer dat nor noch janz selde), hatt e Auch op de Köbesse (Jakob, der Name der Bedienung in kölschen Brauhäusern) un dät oppasse, dat die och jo jedes Kölsch avrechene. Et kunnt jo sin, dat die zweschendurch och allt ens e Jläsje jeschlupp (getrunken) hann.

Bleche Botz

Wat versteit mer unger der Bleche Botz?

De Bleche Botz ess ne Name för e Tipo (Gefängnis). Dat stundt aan der Eck Schilderjass un Krebsjass. Zoehsch kom do jeder eren, dä et met de Jesetze nit esu jenau jenomme hät. Späder sin do nor Wiever (Frauen) enjesesse. Dat kölsche Orjenal Dr. Schabaudewing (bürgerlicher Name Melchior Bauduin, Wundarzt und Geburtshelfer) wor en der Bleche Botz als „Dockter un Sieleklempner" aangejestallt. Wie e Frauminsch en de letzte Wehe lohch un laut kühmen dät, soll hä jesaat hann: „Jo, leev Mäusje, dat deit nit esu jot wie för nüng Mond!" Bleche Botz heiß Blechhose. Us Bleche Botz ess dann „de Blech" (allgemeiner Begriff für Gefängnis) jewoode. Wa'mer säht: „Dä setz en der Blech", dann weiß mer tireck Bescheid.

Büggel

Wat versteit mer unger nem Büggel?

„Ahle Büggel, ahle Baat, hann de Mama bang jemaat (Alter Beutel, alter Bart, haben die Mutter ängstlich gemacht)!" „Dä ess mem Klammerbüggel jepudert (Der hat einen Schlag mit dem Wäscheklammerbeutel bekommen)!" Dat sin zwei Spröch die mer en Kölle kennt. Ne Büggel ist ein Beutel, ein Säckchen. Dat kann ne Jeldbüggel (Geldbeutel), ne Tubacksbüggel (Tabakbeutel) sin odder ävver och ne Klingelbüggel och Köttbüggel en der Kirch, wo mer Jeld erenschmieße kann. Ne Kniesbüggel ess dann einer, dä nix en der Köttbüggel erenschmieß. „Ne ahle Büggel" ess e Schängereiwoot för ne Käl (ein Mann), dä mer nit ligge kann. „Wann ich dä ahlen Büggel allt sinn weed et mer schlääch!"

bütze

Wat versteit mer unger bütze?

„En Kölle jebützt (in Köln geküsst)!" Dat wor dat Fastelovendsmotto en der Session 2009/2010. En Kölle weed ävver nit jebützt – en Kölle weed jebütz! De Bläck Fööss hatten och allt tireck e schön Leedche parat: „En Kölle jebütz, / ess Bütze de Luxe. / Un wunder dich nit, / dat jeit he janze flöck", denn: „Kölsche Junge bütze jot. / Wie de Stars en Hollywood", wie de Räuber singe. Un der Willi Ostermann hät allt jewoss: „Kölsche Mädcher künne bütze. / Jo, dat ess en wahre Staat. / Su e Bützje vun nem Nützje, / Jung dat schmeck wie Appeltaat." „E Bützje en Ihre, kann nümmes verwehre (Ein Küsschen in Ehren kann niemand verwehren)" „Reck en eröm! / Reck en eröm! / Hä weed jebütz!!"

Döppe

Wat versteit mer unger nem Döppe?

E Döppe ess ene Pott met un ohne Deckel. Et kann us Ton met zwei Henke sin, en äde Döppe (Steinguttopf), en Enmaachsdöppe odder ävver och ne ieser Kochpott (eiserner Kochtopf), e Kochdöppe. „Ich muss flöck heimjonn, ich hann noch nix em Döppe (Ich muss schnell nach Hause gehen, ich habe noch nichts gekocht)." Mer kann sing Nas och en alle Döppe steche, wat esu vill heiß wie sich en alles enmische. Och kann mer e Döppe sin. Dat ess sujet wie ne Blötschkopp (ein dummer, geistig beschränkter Mensch, ein Dummkopf).

Dörpel

Wat ess ene Dörpel?

Ne Dörpel ess op huhdütsch ein Türpfahl und zwar die Schwelle der Wohnung oder des Hauses. Üvver der Dörpel ka´mer jonn, falle odder drop setze. Mer kann och der Dörpel schore (scheuern). Mer kann einem ävver och der

Dörpel avlaufe, alsu op der Wecker falle, einem lästich wäde. Janz besonders die Lück, die kötte (betteln), die einem jet verkaufe (Hausierer) odder die einem jet aandriehe (werben) welle. Die kummen einem dann nit mih üvver der Dörpel. „Ich muss noch ens froge, wie dä dat jemeint hät; dä hät mer dat su zweschen Döör un Dörpel jesaat (zwischen Tür und Angel gesagt)."

Dötzje

Wat versteit mer unger nem Dötzje?
„Wat häss do do för nen Dotz (eine Beule, op Kölsch och en Bül odder en Knuuz) am Kopp? Bes do jäje ne Latänepool (Laternenpfahl) jelaufe?" Mer kann ävver och op der Dotz (Gesäß) falle. „Ich wor esu möd, dat ich ming Dötz nit ophalde kunnt (meine Augen nicht aufhalten konnte)." „Dä jeit met singem decke Dotz (Kopf) durch de Wäng." Damit ist ein sturer Mensch gemeint. „Och, wat e leev klei Dötzje (ein liebes kleines Kind)!" „Der Pitter met singe bal zwei Meter hät e klein Dötzje, e richtich Föttche aan der Äd jehierodt (eine kleine, dickliche Person geheiratet)."

Droppe

Wat versteit mer unger nem Droppe?
Ne Droppe ist ein Tropfen. Wa´mer ävver singe: „Drink mer noch e Dröppche, drink mer noch e Dröppche, us dem kleine Henkelspöttche (Henkeltöpfchen, Bierkrug mit Henkel)", dann ess domet mih wie eine Droppe jemeint. „Schött mer noch ne Droppe en, et bess dat Jlas huhvoll." Och ne jode Wing kann e lecker Dröppche sin. Ess mer voll (betrunken), kritt mer keine Droppe mih. Zwillingcher (Zwillinge) jlichen sich wie eine Droppe dem andere. Well mer e lecker Dröppche drinke, jeit mer en die Weetschaff met dem löstije Name „Em leckere Dröppche".

Dusel

Wat versteit mer unger Dusel?

Mer kann ne Dusel (ein Schwindelgefühl) aan sich hann. Mer kann och em Dusel lijje, alsu noch nit janz waach sin odder jet em Dusel dunn. Dann ess mer nit rääch bei der Saach. Och esse mer em Dusel, wa´mer eine zevill jepött hät (einen über den Durst getrunken hat). Mer kann ävver och jet dusele (träumen). Och ka´mer Dusel hann, wa´mer för e Beispill Jlöck jehatt un em Lotto jewonne hät. Schlemm ess et, wa´mer ne Dusel (ein einfältiger, unbeholfener Mensch) ess. „Su e Duseldeer! Dat kann och nor däm passeere!"

Elsterauge

Wat versteit mer unger Elsterauge?

„De Elsterauge petsche, et jitt ander Wedder." Met Elsterauge sin de Höhnerauge jemeint, die mer kritt, wa´mer zo eng Schohn dräht. Wann einer e Mimösje, alsu flöck enjeschnapp (beleidigt) ess, alles zo jenau nimmp, dann hät dä Elsterauge am janze Liev. Mer kann einem ävver och op de Elsterauge tredde (einen empfindlich kränken). Ne Elsterauge-Dockter (Hühneraugen-operateur) ess einer, dä einem de Elsterauge schnick (schneidet). Fröher däten dat mehschtens de Barbiere. Als Kölsch Orjenal wor et Elsterauge-Evje bekannt. E puckelich Wievje, wat sich drop verstundt, ander Lück de Elsterauge fottzeschnibbele.

explizeere

Wat versteit mer unger explizeere?

„Dä kann nit bes drei zälle (der ist dumm), dat muss do däm allt jenau explizeere (das musst du ihm schon genau beschreiben)." „Ich hann der dat allt off explizeet (erklärt), häss de dat dann immer noch nit bejreffe (begriffen, verstanden)?" „Dä iwije Explizeer (die ewigen Auseinandersetzungen) ben ich leid, do kanns der ne andere Jeck söke!" En nem Leedche vum Toni Steingass heiß et: „Ne kölsche Explizeer (Schimpfereien), dat ess uns Sproch zo Ihr! Et Schönste wat et jitt, mer do ze höre kritt." Dann jeit et en dem Leedche loss met Schängereiwööt.

Fastelovend

Wat versteit mer unger Fastelovend?

Fastelovend meint op huhdütsch Fastenabend. Et ess dä Diensdach vor Äschermettwoch. Dä Fastenabend – Fastelovend ess wie Hellichovend am janzen Daach. Noh dem Fastenabend/Fastelovend fängk de Faastezick aan. En nem Rühmche vum Schneider-Claus öm et Johr 1890 heiß et: „Fastelovend ess e Wötche, wat der Kölsche bloß versteit, wann och Mainz, Berlin un Oche un och Düsseldorf jet deit." Un der Peter Berchem schriev: „Fastelovend ess jekumme! All' de Kölsche sin aläät. Üvverall jonn decke Trumme. Üvverall do weed jetrööt." Jo dann: Fastelovend zesamme!

Fazung

Wat versteit mer unger Fazung?

„Ich hann et Fienche (Kurzform zu Josephine) jesinn. Dat hät der villeich e Fazung (hier Aussehen) am Liev. Dat hätt ich bal nit widderjekannt." „Och dä Kabänes (Freund, Ehemann) vun däm ess noch jot en Fazung (körperlich gut beieinander)." „Mer jeit et jrad nit jot, ich ben schlääch en Fazung (gesundheitlich nicht auf der Höhe)." „Jo, bräng dich selver ehsch ens en Fazung. Wat do allt aan häss, hät üvverhaup kein Fazung (ist formlos, unansehnlich). Och wie do dich mänchmol benimmps hät kein Fazung (ist keine feine Art). Do wors jo raderdoll. Mer mooten dich widder zor Fazung (zur Vernunft) bränge." „Ejal, ich hann Fazung (Geschicklichkeit) för ze backe, ze koche, för alles!"

feukele

Wat versteit mer unger feukele?

„Ich hann ming ahl Mamm johrelang jefeukelt (gepflegt), bes se endlich bei der Herrjott kumme kunnt." „Dat wor jo och e leev Fräuche, die hät Dich jo och wie jeck jefeukelt (verhätschelt)." „Jo, ävver se hät mich nit ze ärch jefeukelt (verzogen). Nor wann ich krank wor, dät die mich feukele un oppäppele. Ming Mamm fählt mer! Ich bruchen immer einer, dä ich feukele (umsorgen) kann." „Jeck, do häss doch Dinge Well (Willi). Dä freut sich wa'ne jefeukelt (verwöhnt) weed. Wann de dä feukels (umschmeichelst), kanns de dä öm der Finger weckele (kannst du von dem alles haben)."

fimpschich

Wat versteit mer unger fimpschich?

„Die Woosch rüch jet fimpschich (verdorben), die kritt der Möpp (Hund)." Auf Menschen bezogen: „Met däm fimpschije Kääl (unangenehmer Mann) well ich nix ze dunn hann." „Su en fimpschije Aal (unangenehme Frau), luuter hät se jet ze nöttele (auszusetzen)! Och wat mer säht, kann fimpschich (unanständig) sin. „Dä hät luuter fimpschije Wööt jebruch." Fimschije Wööt sin sujet wie wölle Wööt.

Fisematentcher

Wat versteit mer unger Fisematentcher?

Deit einer sich nen Däu aan (macht sich wichtig) un hä määt nit dat, wat hä soll, säht mer: „Loß jonn, wat sollen die Fisematentcher (leere Ausflüchte)." Odder: „Maach nit lang Fisematentcher un komm", wann einer nit weiß, soll hä odder soll hä nit jonn. „Ich loße kein Fisematentcher mih met mer maache (mich nicht mer an der Nase herumführen)!" „Ich hann nit lang Fisematentcher (Umstände) jemaat un im fuul Eier (faule Eier) aan der Kopp jeschmesse."

Fisternöll

Wat versteit mer unger nem Fisternöll?

„De Frau Koll hät ne Fisternöll met ehrem Nohber (hat ein Verhältnis mit ihrem Nachbarn)." „Jo, wat soll et? Wäje su nem kleine Fisternöll kütt ne kölsche Jung noch lang nit en de Höll!" E Fastelovendsfisternöllche fängk am Wieverfastelovend aan un ess am Äschermettwoch vörbei. Fisternöll/ Fisternöllche ist also eine heimliche Liebschaft. „Do maache mer doch keine Fisternöll (kei Jedöns, kein Gehabe) drus." „Et jitt ävver Lück, die hann immer jet ze fisternölle (an allem etwas auszusetzen)." Deit ne Minsch jän jet zesammeknuve (basteln), dann ess dä/die jet am zesammefisternölle.

Fitschbunne

Wat versteit mer unger Fitschbunne?

Fitschbunne sin jrön Bunne (grüne Bohnen), die en dönne, schräje Schievjer (Scheiben, Schnitte) jefitsch (geschnippelt) sin. „Et wor immer de Arbeit vun der Jroß (von der Großmutter), die Bunne ze fitsche, die mer en däm Bunnedöppe (Bohnentopf, meist aus Ton) enjemaat hann." Die eine hatten de Jroß, die andere hatten e Fitschmüllche (Bohnenmühle, kleines an der Tischkante angeschraubtes Gerät). „Meer hatten e Fitschmüllche. Domet jing dat em Rüppche (schnell, im Nu)." „Ich moot däm ens eine fitsche (schneller Schlag mit der Hand oder Finger), dä ess mer ze off blöd jekumme (hat mich zu oft geärgert)."

Fleech

Wat ess en Fleech?

„Mer soße beim Esse, un dann kom en Fleech (Fliege). Un summten uns immer, immer öm et Jeseech…" Wä kennt nit dat Leedche vum Colonia-Duett? Mer kann sich üvver en Fleech aan der Wand ärjere (über jede Kleinigkeit ärgern). Ävver och zwei Fleeje met einer Klapp schlonn (zwei Dinge gleich-

zeitig erledigen). „Loor jenau hin, odder häss do en Fleech em Auch (Auge)?"
„De Fleeje steche, et jitt ander Wedder."
Mer kann ävver och en Fleech em Jeseech hann. Dat ess e Bäätche (Bärtchen)
unger der Lepp (Lippe). Odder en Fleech aanhann, en zo ner Schleif jebunge
Krawättche (Halsbinde, Schlips).

Flönz

Wat ess en Flönz?
Fröher wor Flönz eifache, jewöhnliche Blotwoosch (Blutwurst). Noh nüng-
zehnhundertzwanzich fingk mer op kölsche Foderkaate Flönz met Musick.
Dat ess e Röggelche met Blotwoosch un vill rüh en Schieve jeschnedde Zwib-
bele/Öllich drop. Musick, weil mer dann jot blose kann. Vun hinger natörlich.
Am Engk vum nüngzehnte Johrhundert woren dat och de Engkcher vun
der Woosch, vun jeder Woosch. Et Jüppche jeit zom Schlachter (Metzger):
„För zwei Jrosche Flönz för der Hungk, ävver kein Fleischwoosch, die maach
minge Vatter nit."

flöppe

Wat versteit mer unger flöppe?
En de mihtste Weetschafte ess flöppe (rauchen) verbodde. „Et Lenche (Kurz-
form zu Helene) soll ens dat Flöppe loße, su alt wie dat jetz allt ussüht, kann
dat üvverhaup nit wäde." „Dä Hein (Heinrich) lade mer nit en, dat ess ene
starke Flöpper (Raucher). Dat Jeld mööch ich hann, wat dä allt en de Luff
jeblosen hät." „Künnt ehr die Flöpperei (Raucherei) nit loße, he versteck (er-
stickt) mer jo bal." „Av un aan ens e Piefje (Pfeife) odder en Zijar (Zigarre)
flöppe! Dodraan ess noch keiner jestorve."

flutsche

Wat versteit mer unger flutsche?

„Pass op, dat do nit derlans flutschs (em Kölsche och usrötschs odder us-letschs/ hinfällst), et litt Raurief (Raureif) op de Stroße un et ess ärch flut-schich (glatt)." „Dä Fesch (Fisch) ess flutschich (glitschich). Halt en jot fass, domet hä der nit us de Häng flutsch (entgleitet)." „Ich woll dat eijentlich nit jesaat hann, dat ess mer esu us der Mul (Mund) jeflutsch." „Dä hatt üvverhaup kein Entrettskaat. Dä ess esu erenjeflutsch (der hat sich so reingemogelt)." „Schohn müsse jot passe, do muss mer esu erenflutsche (hineingleiten) kün-ne."

Föderche

Wat versteit mer unger Föderche?

„Ich muss däm ens e Föderche (Fütterchen) avtrecke (weniger zu essen ge-ben), dä weed immer decker (dicker), dä ess eifach zo jot em Foder (bekommt zu gutes Essen)." Mer muss dann ävver oppasse (aufpassen), dat mer nit ze höre kritt (in derber Ausdrucksweise): „Wat ess dat dann för e Foder (Fraß), dat kann kein Sau fresse." „Dä Ohm (Oheim, Onkel) Döres (Kurzname für Theodor) wor esu krank, dat dä wie e klei Ditzje (Kind) jefödert wäde moot. Fröher kunnt dä fodere (essen) wie nen Schöredrescher (Scheunendrescher)." „Dat Kleid ess esu wick fädich, dat muss nor noch jefödert wäde (auf der Innenseite mit dünnem Stoff bezogen werden)."

Fott

Wat versteit mer unger ner Fott?

„Die hät en Fott (Hintern, Popo) wie e Ackerpäd (Ackerpferd, unglaublich dick)." „Komm do mer heim, dann kriss de en Fott Wax (Wichse, eine Men-ge Prügel)." „Dat hät dä mer nit ömesöns jedonn; wann ich dä sinn, dann tredden ich dä en de Fott." „Ich künnt mich en de Fott bieße (es tut mir leid), dat ich dat verschlofen (versäumt) hann." „Ich muss däm immer de Fott nohdrage (alles recht machen)." „Dä soll sich bes en de Fott eren schamme (sich tief schämen)." „Minge Ohm Pitter (mein Onkel Peter) wor e richtich Föttche aan der Äd (ein kleiner gedrungener Mensch, der mit seinem Popo fast die Erde berührte)."

Frack

Wat meint mer met Frack?

Mer weiß, dat ne Frack ne Frack ess, e vörnähm Baselümche för Häre, wann die sich en der Lack werfe, sich staats maache (hochnobel kleiden). „Dä kom em Frack met wießer Wess un hät sich nen Däu aanjedonn (hat sich wichtig gemacht)." Mer kann ävver och Frack op einer hann (einem sehr böse sein) und deit däm en Biesterei (üble Sache) us Frack aan (aus Rache an). „Dat ess bloß Frack von im, dat hät dä us reinem Frack jedonn." „Su ne fracke Käl (boshafter Kerl), bei däm muss mer oppasse, dä deit janz frack leje un bedreje (gemein lügen und betrügen)."

frecke

Wat versteit mer unger frecke?

Frecke entspricht dem hochdeutschen verrecken, verenden. Mer kann och kapott jonn odder krepeere. In derber Ausdrucksweise: „Ich dät wünsche, dä dät bal frecke, dä hät mich jenohch drangsaleet (schikaniert)." „Et leevs dät ich dä su verkamesöle (verhauen) dat ́e freck." „Em Kreech (Krieg) hatte mer immer Schless (Hunger). E Wunder, dat mer nit jefreck (verreckt, gestorben) sin." „Vörje Woch wor en Hetz (eine Hitze) för ze frecke." In nicht so derber Ausdrucksweise: „Do solls de doch frecke, dat ess ens en jot Idee, die hätt vun meer sin künne."

Freese

Wat ess e Freese?

„Dat ess e Freese vun nem Minsch (ein ekelhafter Mensch)." Heute noch als Schimpfwort sehr gebräuchlich: „Do dreckelich Freese!" „Met su nem Freese well ich nix ze dunn hann." „Ich hann dat Freese lang nit mih jesinn, lääv (lebt) dä/dat üvverhaup noch?" „Ich künnt et Freese krijje (mir schlecht werden), wann ich aan dat Freesekässje denke. Se e Freese kütt mer nit mih en et Dinge (in die Wohnung, in das Haus)." Auf Tiere gemünzt: „Su e Freese vun nem Dier (hier z.B. ein Fuchs)! Hät dem Boor de Jans (Gans) jestritz (gestohlen)." „Dä Klein ess malätzich jewoode (krank, nach dem Französischen malade). Dä hät et Freese (Schüttelfrost, kaltes Fieber) kräje."

Fressklötsch

Wer wor der Fressklötsch?

Dä Fressklütsch/Fressklötsch, dä met richtijem Name Joh. Arnold Klütsch heeß, doher och Fressklütsch, ess 1775 en Kölle jeboore wooden. Hä wor en der janzen Stadt bekannt. Et wor e ärme Lücks Jung, dä vill verdröcke/esse kunnt un dä esu stark wie ne Bär wor. Doher kütt et och, dat mer för Lück, die ne jode Appetit hann, säht: "Süch ens do, dä Fressklötsch." Mer nennt se och Fresssack (Nimmersatt, Vielfraß). E Wohrwoot ess: „Ne Fresser weed nit jeboore, dä weed dozo jemaat (erzogen)."

frößele

Wat versteit mer unger frößele?

„Wann dä nix ze frößele (arbeiten, beschäftigt sein) hät, dann fählt dem jet." „Meer jeit dä janze Frößel (die viele Arbeit) janz fies op et Jemöt (macht mich unglücklich)." „Mer kütt us dem Frößel nie erus. En su nem Frößel si´mer noch nit jewäs (soviel Arbeit hatten wir noch nie)." „Mer frößelt sich zom Schänzje (man rackert sich ab) un kütt doch zo nix (auf keinen grünen

Zweig)." „Mer hät der villeich ne Frößel (Arbeit ohne Sinn) am Liev (am Leib)." „Dä Frößel (unliebsame Arbeit) kanns de selver maache!"

Fuchtel

Wat versteit mer unger ner Fuchtel?
„Dä ärme Käl (armer Mann), dä steit doch unger der Ahl ehrer Fuchtel (seine Frau hat ihn in strenger Zucht)." „Met Dingem erömfuchtele vör minger Nas määs do mich noch knatschjeck (mit deinem herumfechten,-fahren vor meiner Nase regst du mich auf)." „Bes nit esu fuchtelich (übereilt, hastig, allzu schnell), dat kannsde mer och jet räuhijer sage (das kannst Du mir auch ruhiger sagen)."

Fuddel

Wat versteit mer unger Fuddel?
„Die hatt der villeich ne Fuddel (minderwertiges Kleidungsstück) am Liev. Domet hätt ich mich nit unger de Lück jetraut (wäre ich nicht unter die Leute gegangen)." „Die hät immer esu ne Fuddel aan, dat ess en Fuddelsmatant (eine unordentliche Person, Matant/Tante, aus dem Französischen ma tante)." „Us däm Füddelsstöffje kanns de der kei Baselümche (Kleidungsstück) mih niehe (nähen), dät fällt jo all beim Belore (blos beim Anschauen) usenander." „Do wells doch nit en däm Fuddel jonn, dä hät ding Jroß doch all jedrage (der ist unmodern, den hat deine Großmutter schon getragen)."

Fusel

Wat versteit mer unger Fusel?
„Dä Fusel kanns de keinem Esel en et Ohr schödde (so einen minderwertigen Schnaps/Wein kann man niemandem anbieten)." „Do jonn mer nit mih hin, do kriss de immer su ne Fusel enjeschott, dä können se selver suffe

(trinken, derb ausgedrückt)." Auch bei dünnen, ungenießbaren Getränken angewendet. „Vun däm Fusel kann et der schlääch wäde." „Do häss do ne Fusel (einen Faden) aan der, deer läuf ne Wittmann noh (du gefällst einem verwitweten Mann)." „Dä Pullover fuselt, dä kann ich nit op däm schwatze Rock aandunn." Mer kann sich ävver och de Mul fuselich schwade (viel und lange, in Fransen reden).

fussich

Wat versteit mer unger fussich?
Et Fussich Julche, alias Marita Köllner, singk: „Fussich ess schön, fussich ess schön..." Die Kölsche wesse, wat mer unger fussich versteit. Ävver frohch dat ens ene Imi (ein Zugereister, von imitare, nachmachen)! Ne Fuss (Fuchs) hät fussije Hoore (fuchsrote Haare). Ne Minsch met rut Hoore nennt mer och Fuss. „Do kütt der Pötze Fuss…" Dat kann leev jemeint sin, odder ävver och wie e Schängereiwoot verstande wäde. Säht mer för einer nitsch (boshaft): „Dat ess ene richtije Fuss!", dann meint mer domet ne fiese Käl/e fies Wiev (einen schlechten Mann odder eine schlechte Frau). Säht mer ävver: „Do bes jo doch mi (lecker) Füssje…", meint mer domet ne leeve Minsch met rut Hoore.

fuutele

Wat versteit mer unger fuutele?
Eimol kütt dä Fuutel (Betrügerei, Täuschung) doch erus. Säht der Tünnes: „Ich nenne jo keine Name, ävver wann dä (Schäl) dat Fuutele (mogeln, falsch spielen) nit draan jitt, dann schlagen ich däm dat ander Auch och noch schäl." „Su ne Fuuteler (Betrüger), dä ess bekannt för sing Fuuteleie (Betrügereien)." Ein Sprichwort sagt: „Vum Fuutele kütt mer aan et Leje (lügen), vum Leje aan et Bedreje/Stelle (betrügen/stehlen), vum Stelle aan der Jalje (Galgen)." Mer kann sich och irjendwo erenfuutele (hineinpfuschen, einschleichen). „Die Schlang (Anstehreihe) wor ze lang, do hann ich mich eifach noh vörre jefuutelt."

Halve Hahn

Wat ess ne Halve Hahn?

Met nem Halve Hahn ka´mer keine Kölsche mih veruuze. Do falle nor noch Imis odder Touriste drop eren. Ävver, wie kom mer op dä Name för e Röggelche met Kies? Die eine sage, dä wör em Meddelalder entstande, wie die holländische Kiesboore om Aldermaat ehre Kies, jroß wie Karerädder, verkloppen däte. Do hoot mer allt ens: „Kann ich och nen Halven (Käse) hann (halven Hahn)?" Vör üvver hundert Johre soll ävver och domet ne kölsche Jrielächer (Witzbold) sing Fründe veräppelt hann. Dä hatt denne ne halve Hahn versproch, dem Köbes (Jakob, Bedienung in einer kölschen Wirtschaft) ävver jesaat, wann die Schwitt (Gesellschaft) ne halve Hahn bestellen dät, sollt hä jedem e Röggelche met Kies bränge. Dat ess wie en Bomb en Kölle enjeschlage. Un no heeß dat Röggelche met Kies: Halve Hahn.

Hanak

Wat versteit mer unger Hanak?

Met Hanake sin Minsche jemeint, die et met der Wohrheit (Wahrheit) nit esu jenau nemme un bei denne mer sich vor Bedrejereie (Betrügereien) en aach (in acht) nemme muss. „Met su nem Hanak (Halunk, durchtriebener Mensch) well ich nix ze dunn hann. Dat janze Hanakepack (Spitzbubenvolk) kanns de verjesse. Wann do denne de Hand jiss, muss de donoh ding Fingere nohzälle." „Ich kenne die Hanake, die hann allt zo vill Hanakereie (üble Streiche) met meer jedrevve." Harmlos gemeint: „Komm ens herr, do kleine Hanak (du kleiner Schlingel, z.B. bei kleinen Kindern), wat häss de widder aanjestallt?"

hanteere

Wat versteit mer unger hanteere?

„Wat määt ding Oma?" „Och, wat die jenau määt, weiß ich nit, die hanteet ävver der janzen Daach eröm (ist den ganzen Tag beschäftigt)." „Wat hantees do dann noch esu lang (was machst du noch so lange)? Komm, maach vöraan, dat mer endlich fott kumme (wir wollen gehen)!" „Et Jriet un der Franz hanteeren jän zesamme (arbeiten gerne zusammen, sind einander symptisch)." „Loß dat Erömhanteere (Herumfummeln) blieve, söns kriss de ens e paar op ding Knuppe (Finger)!" „Wat hatte mer fröher ne Hanteer am Liev (viel Arbeit zu verrichten)! Hück jitt et doför Maschine."

Hellijemannskälche

Wat ess e Hellijemannskälche?
Wann mer dat Woot jenau üvversetze well, ess dat ein Heilig-Manns-Kerlchen. Dä, jetz soll mer sich jet dodrunger vörstelle! Hück bruch mer dat Woot kaum noch. Hück ess e Hellijemannskälche ne Weck- odder Weggemann: e Männche us Hefedeich (Hefeteig), met zwei Auge us Kurente (Korinthen) un met nem Piefje (Tonpfeife) em Ärm. Met däm Piefje ka'mer dann Seifeblose (Seifenblase) en de Luff blose. Hück kritt mer e Hellijemannskälche op Zinter Mätes (am Sankt Martins Tag). Fröher krääten de Puute och vör odder op Zinter-Klos-Daach (vor oder am Sankt Nikolaus Tag) su e Deichkälche, un dovun hät dä dann och singe Name.

Henkemännche

Wat ess e Henkemännche?
E Henkemännche sin zwei odder drei en nem Jestell üvvereneinjestivvelte Pöttcher us Emaillje odder Aluminium met nem Jreff för ze drage. Dodren ka´mer et Meddach- odder Ovendesse op de Arbeit metnemme odder sich bränge loße. Dat bruch mer hück ävver kaum noch. Üvverall jitt et jetz Kantine odder Imbissbüdcher.
Weil die Köln-Arena wie e Henkemännche ussüht, hät die och dä Name Henkemännche krääje. Hück ess dat de Lanxess-Arena.

hingersch

Wat versteit mer unger hingersch?

Hingersch ess et Jäjendeil vun vöddersch (hinterst ist das Gegenteil von vorderst). „Em Kinema (Kino) setze mer et leevs en der hingerschte Reih (in der hintersten Reihe)." „Stell Dich jefällichs hinger mich aan, ich stonn he och nit us Spass aan der Freud. Söns ben ich der Hingerschte (Hinterste) en der Reih!"

Der Hingersch kann ävver och de Fott (das Gesäß, das Hinterteil) sin. „Höpp he nit eröm un setz Dich op Dinge Hingersch." „ Bes dä ens singe Hingersch huh kritt, ess en Juffer (Jungfrau) Mamm woode." „Dä/die looren ich mem Hingersch nit mih aan (den/die schaue ich nicht einmal mehr mit meinem Hinterteil an), dä/die hät mich jenohch jetriez (der/die hat mich genug schikaniert)."

Hippelepipp

Wat versteit mer unger ner Hippelepipp?

„Hipp, Hipp, Hurra, der Raderberjerbooreburjerspielverein ess do", heiß et en nem Leedche. He ess Hipp esu jet wie Hurra. En Hipp ess ävver och der Name för en Jeiß (für eine Ziege). E Pääd (ein Pferd) kann en Hipp sin odder och ne Minsch, dä kei Fleisch op de Rebbe (Rippen) hät. „Die ahl Hipp, die ess ze kniestich, sich satt ze esse." Mer kann ävver och erömhippele. „Lor ens, wie die enjebildte Hipp (die eingebildete Person) widder erömhippelt (vornehm trippelt), dat ess der reinste Hippelepipp (eine Person mit unsicherem Gang). Die muss oppasse, dat se kei Bein stonn liet (dass sie nicht stolpert)."

Höffje

Wat versteit mer unger nem Höffje?

Ne Hoff (Hof) kann vör oder hinger dem Huus sin. „Mer hann als Pänz immer om Hoff jespillt." „Fröher stundt et Höffje (ein Aborthäuschen) op dem Hoff." Mer kunnt ävver och Hüsje doför sage. „Ich kumme jlich widder, ich muss nor noch ens flöck op et Höffje/Hüsje jonn (ich muss schnell einmal austreten gehen)." „Em Kreech (Krieg) wore mer op nem Boorehoff en der Eifel." „Späder hät dann der Boor Huus un Hoff versoffe (hat sich der Bauer um Haus und Hof gebracht)." Mer kann einem ävver och der Hoff maache (jemande hofieren). „Der Mond hät ene Hoff (heller Nebelring um den Mond), et jitt schlääch Wedder!"

Höppemötzje

Wat versteit mer unger nem Höppemötzje?
Höppe meint hüpfen un Mötzje Mützchen. Alsu, wa´mer sich dat beldlich vörstellt, ess dat e Mötzje wat erömhöpp, wat jo nit jeit. Et muss alsu einer dat Mötzje aanhann. Fröher ha´mer, wie mer Puute wore, Höppemötzje jespillt. Do si´mer en Höppekässjer (viereckige Kästchen), die op dem Trottewar (aus dem Französische, von trottoir, Bürgersteig) opjemolt wore, erömjehöpp. Mer sin och durch e Höppeseilche jehöpp. Em Fasteleer kenne mer die Danzjrupp vun der Fastelovendsjesellschaff Kölsche Narrengilde, die sich „De Höppemötzjer" nennt.

Hött

Wat versteit mer unger ner Hött?
En Hött ess op Huhdütsch eine Hütte (kleines Gehäuse). Dat kann en Hungshött (Hundehütte) sin, e klei, eng odder ahl Hüsje (Häuschen) odder en klein Wonnung (Wohnung). „Die levven en esu ner klein Hött, en där kanns de keinem Esel vör de Fott kloppe (Es ist so eng, dass man keinem Esel auf das Hinterteil klopfen kann)." „Beim Fröhjohrsputz (Frühjahrsputz) kruffen de Fraulück met dem Putzlappe durch alle Hötte (Ecken). Et wäden alle Hötte jefäch (gefegt, geputzt)." „Wehr dich, loss dich nit immer en de Hött däue (zurücksetzen, unterkriegen)!" „Em Höttche" ess och ne schöne Name för e Weetshuus (Wirtshaus).

Hoon

Wat versteit mer unger nem Hoon?

E Hoon ess op Huhdütsch ein Horn. Ovschüns (obschon) mer Hööner (Hörner) nor bei Deere (Tiere) fingk, ka´mer sich als Minsch ävver och de Hööner avstüsse (die Hörner abstoßen, bittere Erfahrungen machen, durch Schaden klug werden). Odder mer kann einer bei de Hööner packe (jemanden zur Rede stellen), wa´mer för e Beispill noch e Nössje (ein Nüsschen) met däm ze knacken hät. Hät mer de jliche Meinung (ist man mit jemanden gleicher Meinung), dann deit mer en et jliche Hoon tüte (blasen). E Höönche (eine Beule) ka´mer sich holle, wann mer för e Beispill jäje ne Latänepool (Laternenpfahl) rennt. Et jiddere och, die welle met de Hööner/Kopp durch de Wand (die wollen immer ihren Willen durchsetzten).

Hubbel

Wat versteit mer unger nem Hubbel?

Ne Hubbel ess op Huhdütsch ein Hobel. „Bräng mer ens der Hubbel, ich muss he jet jlatt hubbele (hobeln)." Wo jehubbelt weed, fallen och Hubbelspien (Wo gehobelt wird, da fallen auch Hobelspäne). „Do muss dat noch e bessje besser jlatt hubbele, do sin jo noch luuter (viele) Hubbele (Unebenheiten) dren." „Weiß de ens jet wat? Do kanns mer ens der Hubbel blose (Du kannst mir den Hobel blasen, du kannst mich gern haben)." „Et hät jeschneit. De Stroße sin fies jlatt un hubbelich (die Straßen sind glatt un hügelig/uneben). „Pass op, dat do op denne Ieshubbele nit usletschs (Gib acht, dass Du auf den Eishügeln nicht ausrutschst)."

Huck

Wat versteit mer unger Huck?

Ne Minsch kann en weiße un en schwatze, en rut un en jäl Huck (Haut) hann. Et jiddere, die hann en dönn (dünne) Huck, un widder andere, die e deck

Fell hann. „Wat arbeit der Hein eijentlich?" „Nix, dä litt der janzen Daach op der fuul Huck (der faulenzt den ganzen Tag)." Wann et ränt, ka´mer naaß bes op de Huck wäde. Dann well mer en där Huck nit steche. Hät mer Wot, künnt mer us der Huck fahre, un ess mer en en Schläjerei jerode, muss mer sich singer Huck werre un lore, dat mer met heiler Huck dovun kütt. Ess mer jeck op e lecker Nützje (ist man in ein hübsches Mädchen verliebt), künnt mer dat met Huck un Hoor opfresse.

Huddel

Wat versteit mer unger Huddel?
„Wat häss de dann do för ne Huddel (schlecht genähtes Kleidungsstück) aan? Dat ess jo richtich zesammejehuddelt (liederlich zusammengenäht). Dat kanns de widder optrenne. Su e Jehuddels trecken ich nit aan (so etwas Zusammengeflicktes ziehe ich nicht an)." „ Bei där Huddelersch (nachlässig arbeitende Näherin) kanns de nix niehe loße. Dat Huddelsminsch (nachlässige Arbeiterin) ess för ehr huddelije Arbeit bekannt." En nem Bläck Fööss Leedche heiß et: „Meer sin die Firma Huddel un Brassel, Zahlemann un Söhne (eine Firma, die nachlässig arbeitet, die Pfuscharbeit abliefert)." „Dat Marie kenns de nit widder, dat ess e richtich Huddelche (eine leichtfertige Person) jewoode."

Huffaatspinsel

Wat ess ene Huffaatspinsel?
E kölsch Wohrwoot (ein Sprichwort) säht: „Huffaat muss Ping ligge", wat esu vill heiß wie: wä sich us Huffaat (Eitelkeit) en jet erenzwängk, wat ze eng ess, för e Beispill en Schohn (Schuhe) odder en en ze eng Kledaasch (Kleidung), muss Ping usshalde künne (muss Schmerzen aushalten können). „Su ne verdötschte Huffaatspinsel! Wat dä sich widder enbildt (so ein ein eitler Geck, was der sich wieder einbildet)!" E Wohrwoot ess och: Et jitt kein huffädijere Deere op Äde, wie wann Mäde (Mägde) Madamme (vornehme

Frauen) wäde. „Loor ens die huffädije Aap (die eingebildete Frau)! Wann Dreck zo Mess weed, well´e jefahre wäde!"

Hungk

Wat versteit mer unger nem Hungk?
Ne Hungk ist ein Hund. „Die Zwei sin wie Katz un Hungk (die Beiden sind wie Katze und Hund, die können sich nicht leiden)." E Wohrwoot ess (ein Wahrwort/Sprichwort ist): „Höt dich vör Lück (Leuten), die schwijje (schweigen), un vör Hüng, die nit lugge (Laut geben, heulen)." „Zwei Hüng aan einem Knoche deit nit jot, kumme selde üvverein (werden sich nicht einig)." „Dä schött dat av wie ne Hungk der Rän." Domet ess einer jemeint, dä e deck Fell hät, däm alles ejal ess. „Mer soll keine junge Hungk versäufen (ertränken), mer weiß nit, wat druss wäde kann." Küt mer üvver der Hungk, küt mer och üvver der Stätz!

huse

Wat versteit mer unger huse?
Huse heiß op Huhdütsch hausen. Mer kann allein odder met andere zesamme huse (wohnen). „Dä wonnt em Hotel Mama; dä hus immer noch met singer Mamm zesammen." „Der Pitter un et Bärb (Barbara) sin nit verhierodt (verheiratet), die husen ävver allt lang zesamme." „Die huse zesamme wie Katz un Hungk (die vertragen sich nicht)." „Met nix ka´mer nit huse (von nichts kann man nicht leben)." „Mer muss lihre, richtich ze huse (zu wirtschaften), dat mer üvver de Runde küt." „Dat woren Dreckstivvele (Schmutzfinke). Die hann jehus (gewütet) wie Welde. Die Wonnung, en där die jehus hann, wor der reinste Dreckstall."

Iggel

Wat versteit mer unger Iggel?

„Ich moot mich esu zaue (beeilen), ich hann der Iggel kräje (bin nervös, ungeduldig geworden)." „Wa´mer deer zolo´t, kritt mer der Iggel (weil du so langsam bist)." „Dä iwije Iggel (Arbeiten unter Zeitdruck, z.B. am Fließband) brängk mich noch öm." Man kann auch zu einem unsteten Menschen „Iggel" sagen. „Dä Iggel kanns de nit lang öm dich eröm hann, dä määt einer knatschjeck (vollkommen verrückt)." „Bess doch nit immer esu iggelich un bliev ens räuhich op Dinger Fott setze." „Dä, jetz ess dä Pott kapott! Dat kütt nor dovun, weil do immer esu iggelich bess un nix en Rauh maache kanns."

Jaach

Wat versteit mer unger ner Jaach?

„Ich jonn op de Jaach (Jagd), en Weldsau scheße." „Wann dä Hungk Jaach op Höhner määt, ha´mer Meddachs ne jode Brode em Pott." Mer kann och op Schnäppchensjaach jonn, för e Beispill em Sommer- odder Winterschlussverkauf (ne jode Schnapp maache/etwas preiswert erhaschen).
"Bei su nem Wedder soll mer keine Hungk us dem Hus jage." „Die Pänz maachen widder esu ne Radau, verjach (verscheuch) die ens, dunn die ens fottjage." „Dä Ohm (Onkel) hät singe Hot verjesse. Jach (eil) däm ens noh un bräng im dä Hot." „Loss mer ming Rauh; die Jagerei brängk mich noch öm!"

Jäsch

Wat versteit mer unger Jäsch?

„Et bess schmeck Jäsch (Gerste) met Prumme (Pflaumen)." Jäsch ess Höhnerfoder, do kanns de mich met jage (vertreiben)." „Sambsdachs jov et bei uns immer Jäschtezupp (Gerstensuppe). Mer säht, dat wör e Ärmelücksesse (ein einfaches Gericht für arme Leute), ävver, meer hät die Zupp immer jot jeschmeck." „Et leevs essen ich Jäsch met Ädäppele (Kartoffeln) un Reppcher

(Schweinerippchen)." Ne Booresproch ess: „Vör Johannisdaach mer Jäsch un Haver nit lovve maach." „Wat häss do dann för e Klätschauch (dickes Auge, Triefauge)?" „Ich ben waach jewoode un hatt e Jäschtekoon (Geschwür auf dem Augenlid)."

jappe

Wat versteit mer unger jappe?

Jappe meint op Huhdütsch eijentlich gaffen. Hück sage de mihtste Lück ävver jaffe dozo. „Lor ens, wat dä am jaffe ess, dä kritt de Mul nit mih zo." Heute bedeutet jappe nur noch gähnen. „Ich ben esu möd (so müde), dat ich noch nit ens mih jappe (gähnen) kann." „Hör dat Jappe op, do stichs mich jo richtich aan (du steckst mich mit deinem Gähnen an)." „Ich hann esu vill en mich erenjestopp (ich habe so viel gegessen), dat ich nit mih jappe kann." „Ich moot mich esu zaue (beeilen), dat ich aan et Jappe (Luftschnappen) jekumme ben." „Der Ühm ess schwer krank, dä japp nit mih lang (stirbt bald)." „Us däm Kleidche ben ich erus jewahße, dat japp us alle Nöht (da stehen alle Nähte offen, als ob sie gähnten)."

Jeck

Wat esse ene Jeck?

Ne Jeck ess eijentlich einer, dä se nit all op de Dröht hät (ein Mensch, der nicht normal, also irrsinnig ist). Wann mer ävver en Kölle för einer „Do Jeck" säht, dann ess dat nit immer kott (böse) jemeint. „Jeck, verzäll ens (erzähl einmal)!" „Ich hann immer wie jeck (übermäßig viel) em Lotto jespillt. Dann, op eimol, hann ich jewonne un wor jeck vör Freud. Ich hann all die Jecke (meine lustigen Freunde) enjelade. Mer hann de janze Naach wie jeck jefeet (ausgelassen gefeiert). Der Pitter wor janz jeck (vernarrt) op et Niesje (Agnes). Do ess der Franz janz jeck (eifersüchtig) jewoode un hät wie jeck (lautstark) erömjebrollt. Do hatt der Pitter ne Jeck am Hals." „Ich sage jo immer: Jeck, loß Jeck elans!"

Jemölsch

Wat versteit mer unger Jemölsch?

Op Huhdütsch bedück Jemölsch Gemisch. Mer kann op Kölsch och Jematsch doför sage. „Hör endlich dat Jematsch met dem Wasser op. Die Matscherei ess doch en jroße Biesterei (das Herumgemenge verursacht eine große Schweinerei)." „Et Nies hatt sich ens widder jet zesammejemölsch! Dat Jemölsch (Mischmasch) kunnt kei Minsch esse." „Och dat Jesöffs (derbe Ausdrucksweise für Getränk) kunnts de keinem Esel en et Ohr schödde (es war ungenießbar)." „Dat wor us Öözjer zesammejemölsch (aus Getränkeresten zusammengemixt)." „Hör dat Kölsch-Jemölsch (Kölsch mit hochdeutschen Wörtern gemischt) op un sprech aanständich!"

Jeöchels

Wat versteit mer unger Jeöchels?

„Dat Jeöchels (dauerndes ach-Sagen, Stöhnen, Nörgeln, Zanken) vun der Ahl (derbe Ausdrucksweise für Frau) jeit mer op et Jemöt (macht mich missmutig). Dä iwije Öchel (Ärger) ben ich satt." „Wat soll ich mich och immer esu öchele (aufregen), sollen se doch maache, wat se welle, dann wäden se och nit jeck." „Ich dunn mich der janzen Daach zeröchele (ich mühe mich den ganzen Tag ab), ävver mer kütt us dem Öchel (aus den Sorgen und Nöten) nit erus." „En einem Mond jonn ich en Rent (in einem Monat gehe ich in Rente), dann ess met dem ville Jeöchels (mit der vielen Arbeit) endlich Schluss!"

jequetsch

Wat versteit mer unger jequetsch?

„Auaaa, pass doch op! Do häss mer de Finger jequetsch!" „Deit mer leid! Wat moots de och ding Fottklöppelsfinger (derbe Redensweise: klobige, dicke Finger) dozweschequetsche!" „Och, jetz ben ich et och noch selver schold.

Quetsch deer ens jet, dann weiß de wie wieh dat deit." „Wat häss de för en jequetschte Stemm? Su schlemm kann et doch nit jewäse sin! Komm, lo'mer e Jläsje Kölsch odder e Schnäpsje quetsche/petsche (genüsslich trinken), dann häss de ding Ping flöck verjesse." „Met jequetschte Fingere kann ich nit op mingem Quetschebüggel/op minger Quetschkumod (auf meiner Ziehharmonika) spille." „Wann de eine jequetsch/jepetsch häss (getrunken hast) klapp et bestemmp."

jiffele

Wat versteit mer unger jiffele?
„Die Zwei süht mer luuter zesamme jiffele (kichern); et määt denne de jrößte Freud, ander Lück uszejiffele (zu verhöhnen)." „Die hann der janzen Daach nix Besseres ze dunn, wie üvver ander Lück ze jiffele (sich über andere Leute lustig zu machen)." „Ich mööch wesse, wat die immer zesamme ze jiffele hann. Dat iwieje Jejiffels jeit mer janz fies op de Nerve (das übermütige Gekicher stört mich sehr)." „Do hann sich zwei Jiffelsmule jesook un jefunge, die zerjiffele sich üvver Jott un de Minsche (Da haben sich zwei Personen gesucht und gefunden, die sich gern über andere lustig machen)."

Jitsch

Wat versteit mer unger Jitsch?
„Ich hatt minge Paraplü (Regenschirm, aus dem Französischen von parapluie) verjesse un hann ne öntlije Jitsch (odder och Jutsch – Regenguss –) avkrääje." „Vun der Jroß (Oma) hann ich en Jitsch (Wasserspritze, Wasserpistole) krääje (bekommen). Minge Papp hät fies met mer jeschannt, weil ich luuter de Lück volljejitsch (nass gespritzt) hann." „Do häss mich met däm Dreckswasser volljejitsch (met dem schmutzigen Wasser vollgespritzt), jetz kanns de sinn, wie de dat widder sauber kriss." „Loß die Jitscherei blieve, söns zoppen ich dich ens (tunke ich dich/bekommst du Prügel)."

Jöck

Wat versteit mer unger Jöck?

„Jöck ess schlemmer wie Ping (Juckreiz ist schlimmer als Schmerzen)." „Et jöck mich en der Nas, ich wäden noch jet Neus jewahr." „Et jöck mich ming Hand, ich krijje Jeld." Ne Booresproch ess (ein Bauernspruch ist): „Wa´mer Jöck am Aasch (Gesäß) hät, jitt et e jot Botterjohr." Mer kann sich och op Jöck maache (ausgehen, oder auf Reisen gehen). „Wo jöcke mer dann hück hin (was unternehmen wir heute)?" „Do ha´mer et jejöck (ausgelassen gelebt), do wor jet loss! Mer hann et all verjöck (unser ganzes Geld ausgegeben)." „Dat soll dich nit jöcke (nicht aufregen/ das geht dich nichts an)?" „Jöck noch flöck ens durch de Bud (säubere schnell die Wohnung), de Schwijjermo (Schwiegermutter) kütt jlich."

jööze

Wat versteit mer unger jööze?

Jööze meint op Huhdüsch klagen. Mer kann ävver och „kühme" doför sage. „Wann do die Ahl (hier abwertend für Frau) triffs, dann ess die luuter nor am jööze." „Die hät üvverhaup keine Jrund, ävver wann die nit erömjööze kann, dann fählt där jet." „Där ehr Jöözerei kann kei Minsch ushalde." „Ehsch hann mer der Schmitzens (Frau Schmitz) ehre Mann om Kirchhoff (Friedhof) unger de Äd jebraat, jet met ehr erömjejööz (geklagt) un dann däm si Fell versoffe (Umtrunk nach einer Beerdigung, Leichenschmaus)." „Komm ens herr, do jöözich (zimperlich) klei Verwenntche (kleines verwöhntes Kind), domet ich dich e bessje trüste (trösten) kann."

Jrielächer

Wat ess ene Jrielächer?

„Däm ahle Jrielächer (Spassmacher) kanns de nix jläuve. Wann do allt däm sing lus Äujelcher (verschmitzte Augen) sühs, dann weiß de Bescheid." „Wann do dä allt esu jriemele sühs, kütt nix Jots dobei erus." „Ich hann et däm singem Jrielaache aanjesinn, dat dä sich jefreut hät, dat ich op et Föttche jefalle ben (das mir ein Unglück zugestoßen ist)." „Eines Dachs weed däm noch si Jrielaache verjonn, dann ben ich draan. Wä zoletz laach, laach et bess." „Ich kunnt et Jriemele (Schmunzeln) nit loße (nicht unterdrücken)." „Loss bloß dat domme Jriemele (hämische Lachen) sin, söns kriss de ens ne Balch Wachs (Tracht Prügel)."

Jrosche

Wat versteit mer unger nem Jrosche?

„Am Engk vum Mond (am Ende vom Monat) hann ich keine Jrosche mih en der Täsch (kein Geld mehr en der Tasche). Ich weiß nit, wo ming Jrosche all jeblevve sin." „Jo, jo, die Jröschelcher (Groschen, Geld), die springe fott, flöck wie die Fröschelcher (Frösche)", heiß et en nem Leedche vum Gerhard Ebeler. Ne ahle Jrosche kann ävver och ne ahle Mann sin. „Däm fiese Jrosche (unsympathischen Menschen) ka´mer nix jläuve. Wann dä säht, et ränt, muss de eruslore, ov nit de Sonn schingk." Nicht so derb gemeint: „Och, do schläächte Jrosche (schlechter Mensch), dat häss de doch nit ähnz jemeint!"

Jroß

Wat ess en Jroß?

Jroß meint op Huhdütsch groß. Ävver he ess de Jroßmutter (Großmutter, Oma) odder och de Bess, Bestemo (die Beste/Bestemutter) jemeint. „Mer sollten ens de Jroß aanrofe, villeich weiß die dat noch." „Ming Jroß ess sibbenunachzich." „Die Jroß vun minger Jroß ess sujar üvver nüngzich jewoode." Jroß meint ävver och Gruß. „Ne schöne Jroß vun der Jroß (einen schönen Gruß von der Großmutter), do solls dich noch ens blecke loße (du sollst dich einmal blicken lassen, sie besuchen kommen)." „De Jroß un der Besteva (Großvater) sin allt üvver sechsich Johr verhierodt. Dat soll denne ens einer nohmaache!"

Juffer

Wat versteit mer unger ner Juffer?

Ming Tant ess en Juffer (eine Jungfrau/eine unverheiratete Frau). Ehr wor keine Kääl rääch (der war kein Mann gut genug). Dat hät se jetz dovun! Jetz ess se en ahl Juffer (eine verbitterte alte Frau) un der janzen Daach am kieve (keifen). Wör se nit esu en huffädije Aap (eine hochmütige Person) jewäs, söß se hück nit allein do. No jo, hück hät se e Jufferenhüngche (ein Schoß-hündchen). Dat kann se jetz feukele (verwöhnen, verzärteln; heute wird das Wort feukele nicht mehr so oft gebraucht). Dat schlief jetz met em Bett.

Juxbroder

Wat versteit mer unger nem Juxbroder?

„Dat maache mer all nor us Jux (Spass) un Dollerei (Tollerei). Dat darfs de nit esu ähnz nemme, do muss do der ne Jux druss maache." „Ich loße nit mih länger der Jux met mer drieve (ich lasse mich nicht länger zum Narren halten)." „Dat fällt däm ahle Juxbroder (Spassmacher) ävver schwer. Usdeile kann´e, ävver selvs keine Jux verdrage." „Wat hatte mer ne schöne Fasteleer (was hatten wir einen schönen Karneval)! Mer wore met richtije Juxbröder (in einer lustigen Gesellschaft) zesamme. Vum Erömjuxe (Herumtollen, Spass haben) wore mer janz kapott (müde, erschlagen). Jetz ess widder Schluss met der Juxerei."

Kääl

Wat versteit mer unger nem Kääl?

Ne Kääl ess op Huhdütsch ein Kerl, also ein Mann. Dä kann leev, deck, dönn, klein, jroß, staats odder sujar prächtich sin. „Dinge kleine Fitzemann (klei-nes Kerlchen, Jüngelchen) ess ävver ne prächtije Kääl jewoode." Nit esu fing jemeint ess, wa´mer vun nem fuule (faulen) odder jemeine, alsu nem Bies vun nem Kääl sprich. Och ess dat nit schön, minge Kääl (als Ehemann) odder blos „der Minge" ze sage. Och ne ahle Kääl jebruch mer als Schängereiwoot. „Dä ahle Kääl sitz der janzen Daach vörm Schluffekinema (Fernseher). Dat wor ens esu ne düchtije Kääl! Hück ess dat nor noch ne komische Kääl!"

Kaastemännche

Wat ess e Kaastemännche?
E Kaastemännche wor bes zom Johr 1876 e Jeldstöck (Münze), zweiunnehalve Selverjrosche (Silbergroschen) wäät. Mer kunnt et en nem Kaaste (Kasten) spare. Hück hö´t mer noch av un aan: „Dat hann ich för e Kaastemännche krääje (es hat wenig gekostet)." Wa'mer ävver säht: „Dat ess villeich e Kaastemännche", meint mer domet nen ärmen Höösch (einen armseliger Menschen). E schäl Kaastemännche ess einer, dä nit jot sinn kann (sehen kann), dä et op de Auge hät.

Kaate

Wat versteit mer unger Kaate?
Kaate sind Karten. Dat künne dann Spill (Spiel)-, Poss (Post)- odder Aansichtskaate sin. „Der Jupp (Josef), der Döres (Theodor), der Hein (Heinrich) un ich, mer treffen uns jeden Sambsdaachovend en der Weetschaff „Op der Eck" zom Kaate (zum Kartenspiel). Mer kloppen (spielen, Karten auf den Tisch klopfen) dann de halve Naach. Et letz hatt ich schläächte Kaate (schlechte Karten). Ich hatt kei Jlöck un hann luuter verlore. De Kaateschläjersch (Wahrsagerin, die aus Karten lesen kann) hät mer jesaat, dat ich kei Jlöck em Spill hann."

Kääzemöhn

Wat versteit mer unger ner Kääzemöhn?
En Kääz ist eine Kerze. Et jitt allerhands Zoote (Sorten) vun Kääze: de Kum-

melions- (Kommunion), Huhzicks- (Hochzeit), Altars-, Dudekääz un noch andere. Die künne us Waaß (Wachs) odder Talch sin. De Offerkääz (Opferkerze) stellt mer bei der Schwatze Mutterjoddes en der Kofferjass (Kupfergasse) op, för ze kötte (etwas zu erbitten, zu erflehen), ävver och vör sich ens ze bedanke. Fröher kunnt mer de Kääze bei der Kääzemöhn kaufe (eine Frau die Kerzen anbot, meistens vor Kirchen). Säht mer hück för e Fräuche: „Dat ess en ahl Kääzemöhn", ess dat biestich (gemein) jemeint.

kacke

Wat versteit mer unger kacke?
Dat Woot höt sich nit esu fing aan, ävver et jitt kei besser Woot em Kölsche doför. Denn eimol am Daach muss mer kacke jonn (seine Notdurft verrichten), „...denn nor wä richtich kacke kann, dä bliev jesund." Dat singen "De Bläck Fööss" sujar en nem Leedche, un dat weed och düchtich metjesunge. Schlemmer sin die Wööt drieße un scheiße, ävver die sage mer jo he nit. Ovschüns sujar der Kallendresser (jemand der seine Notdurft in der Dachrinne verrichtet) am Hus Nr. 24 om Aldermaat sitz un sing bläcke Fott (nacktes Hinterteil) presenteet. E Wohrwoot ess och: Der Düvel drieß (kack) nit op ne kleine Haufe. (Wer schon viel hat, kriegt immer noch mehr.)

Käu

Wat versteit mer unger Käu?
„Käu (kaue, iss) langksam, söns verschlecks (verschluckst) do dich noch!" „Minge Ühm hät kein Zäng mih, dä käut nor noch op de Beldere (zahnlose Kiefer), dä muss et all zoppe (tunken)." „Häss do nix ze käue (essen)? Ich hann Schless (Hunger)!" „Wä nit arbeidt, hät och nix ze käue!" „Hör op met däm Käu (sinnloses Geschwätz). Dinge Käuverzäll jeit mer janz fies op der Wecker (Dein Geschwätz geht mir ganz schön auf die Nerven)!" „Ich jonn do nit hin, dä Käu (Unfug) kann sich kei Minsch aanhöre (anhören)." „Hör op met däm Käu un komm met!"

käue

Wat versteit mer unger käue?

Wa'mer nix för ze käue (kauen, essen) hät, ess mer ärm draan. Wohrwööder sage: „Die woren esu ärm, die kunnte nor aan de Näl (Fingernägel) käue." „Wä nix för ze käue hät, hät och nix för ze kacke, drieße (dat ess nit fing jesaat!)." „Wat jot jekäut ess, jedeit och jot (Was gut gekaut ist, bekommt einem gut)." „Wä met odder op de Bildere (mit zahnlosem Kiefer) käut, kann kei Nöss knacke (kann keine Nüsse zerbeißen)." „Käu mer kei Ohr av", säht mer för einer, dä einem met singem lange Käu (langweiligen Gerede) op der Wecker fällt (auf die Nerven geht). „Dä käut de Wööt, die hä säht, un brommp sich jet en der Baat (Bart), dat de dä kaum verstonn kanns (Der spricht so leise und zaghaft, dass man ihn kaum verstehen kann)."

Kall

Wat versteit mer unger ner Kall?

En Kall ess em Huhdütsche eine Rinne, vör allem eine Regenrinne. Die kann us Holz odder Blei sin un hängk unger dem Daach, för et Ränwasser (Regenwasser) opzefange. Dat läuf dann läns et Huus durch en Kall en e Ränfaaß (Regenfass) odder jlich en de Sot (Kanalisation). Beim Käjele (Kegeln) ka'mer die Kugel och en de Kall (Holzrinne längs der Kegelbahn) schmieße. „Do häss en de Kall jeschmesse. Dat jitt en Rund (eine Runde Freibier)!" Mer kann ävver och ne Kall (aus dem Englischen call) halde (ein Gespräch führen). „Mer treffen uns bei nem Bierche un dunn zesamme jet kalle."

Kalv

Wat versteit mer unger nem Kalv?

E Kalv ess op Huhdütsch ein Kalb. En Koh (eine Kuh) ess och ens e Kalv jewäs. „Dä benimmp sich wie e Kalv", säht mer för einer, dä sich jeck aanstellt, dä Sprijitzjer määt (sich Albernheiten erlaubt). „Dat ess noch e richtich

Kalv (noch ein unreifer Mensch). Dä hät nor Kalvereie (Dummheiten) em Kopp." „Dä ess esu domm, wie wann dä vun nem Kalv jestoche (geimpft) wör!" „Loor der die Kälver (halbstarke Jugendliche) aan, wie die sich widder benemme!" Sonndachs jov et zom Meddaach (zum Mittagessen) Kalvsbrode (Kalbsbraten) met Ähze un Murre (Erbsen und Möhren). Mer hann Bore-sonndachsesse doför jesaat."

Kamesol

Wat versteit mer unger Kamesol?
En Kamesol kann en Jack, ne Kiddel odder ne Rock sin. „Et wor esu kalt, der Wind hät uns durch Botz (Hose) un Kamesol jeblose." Mer kann och einem aan et Kamesol kumme (ihn verprügeln wollen). "Pass op, söns kummen ich deer ens aan et Kamesol!" „Dä hatt et nüdich, dä moote mer ens öntlich verkamesöle (Der hatte es verdient, den mussten wir einmal richtig verhau-en)." „Dä kann vill verkamesöle (essen, vertilgen)." „Dat ess ene Fressklötsch (nach dem Original Anton Klütsch, 1775 – 1845, der Unmengen an Speisen und Getränken vertilgen konnte)." „Ävver, wa´mer allt ens enjelade weed, well mer och richtich jet verkamesöle."

Kammisskopp

Wat versteit mer unger nem Kammisskopp?
„Minge Ohm Pitter ess och beim Kammiss (Militär, auch Kommis) jewäs." „Wat sähs de do? Dat wor och ne Kammiss (Soldat)?" „Jo, nit nor dat! Dä wor ne richtije Kammisskopp (Das war jemand, dem man aufs Wort gehorchen musste)! Bei däm ze Hus jingk et och wie beim Kammiss (bei den Soldaten) zo. Däm sing ärm Pänz mooten vör singem Bett stramm stonn. Ze esse hann die nor Kammissbrut (kräftiges Roggenbrot, auch Kommisbrot) kräje. Dat kom denne bal am Hals erus." „Mer woren ävver fruh, wa´mer em Kreech (Krieg) e Kammissbrut ze esse hatte." „Sing Kammissstivvele (Soldatenstiefel) stonn hück noch em Keller."

Känedrießer

Wä schängk mer Känedrießer?

„En de Keesche (Kirschen) vun ner Keeschetaat (Kirschtorte) sin off noch Käne (Kerne) dren. Dann muss de oppasse, dat de nit op ene Keeschkän bieß (auf einen Kirschkern beißt)." „Sin de Käne em Appel schwatz, sin de Äppel rief." „Ich hann de Äppel immer met der Ketsch (Innere eines Apfels) un de Käncher (Kernchen) verkimmelt (verspeist, aufgegessen)." „Met däm ess nit jot Keesche esse, dä spritz (odder späut, spuckt) met de Käne (gemeint ist ein unverträglicher Mensch, vor dem man sich in Acht nehmen muss)." „Dat ess un bliev ne Känedrießer (Kleinigkeitskrämer). Ovschüns hä och ne jode Kän hät (Obwohl er auch gute Seiten hat)."

Kanallje

Wat versteit mer unger ner Kanallje?

Dat Wot Kanallje kütt us dem Französische vun canaille, italienisch canaglia (Hundepack). „Dat ess en richtije Kanallje (gemeint ist ein hinterhältiges Frauenzimmer oder ein gemeiner Lump, gemeiner Kerl)." „Dat hätt ich där/ däm nit zojetraut, ävver dat ess allt immer en Kanallje jewäs." „Die Kanallje hät dat widder prima jedriht (geschickt erreicht, durchgesetzt)!" Ne Kanalljevugel (Kanarienvogel) ess ne Singvugel (Singvogel). Kanalljevüjjelcheszüngelcheszüppchenszäusje ess e Wot, wat schwer ess, zehn Mol ohne ze stoddere (zu stottern) opzesage. Mer kann et jo ens versöke!

Kappes

Wat versteit mer unger nem Kappes?

Et jitt wieße, rude un sore Kappes (Weißkohl, Rotkohl und Sauerkraut). „Op jeder kölsche Foderkaat (Speisekarte) fingk mer ‚Hämmche (aus dem englischen Wort ham) met sore Kappes'. Dat ess en Tillekatess (eine Delikatesse, ein Leckerbissen)!" „Wieße Kappes (Weißkohl) met Speck schmeck och jot."

„Ming Jroß hatt en ehrem Jade immer e Stöck Kappes (ein Gartenstück mit Kohl)." „Der Will wor ne ärme Kappesboor (ein armer Landwirt, der Kohl anbaute). Hück stonn op däm singe Kappesfelder fing Hüser. Dä hät us Dreck (Land was verkauft wurde) Jeld gemaat." „Jeck, verzäll keine Kappes (Narr, erzähl keinen Unsinn)!"

karesseere

Wat versteit mer unger karesseere?
„Et Marie un der Jupp karesseere (italienisch: carezzare, liebkosen, schmeicheln, hier: eine Liebschaft haben) allt lang zesamme. De Eldere vum Marie sinn dat nit jän (haben etwas dagegen). Der Jupp hät allt ander Mädcher karesseet (umschmeichelt). Mer säht, dat wör der reinste Karesseerstengel (jemand, der jedem Mädchen den Hof macht)." „Et Marie hät vör dem Jupp ne jode Karessant (Verehrer) jehatt. Ävver dat hät en Karessasch (Verhältnis) met dem Jupp aanjefange." „Et Marie ess och nit ohne (ist auch nicht unbescholten), dat hät och allt met ander Jüngelche (Freier) erömkaresseet (geliebkost)."

Karmenat

Wat versteit mer unger Karmenat?
Op ner kölsche Foderkaat (Speisenkarte) fingk mer Karmenat met Koppschlot. Wat Koppschlot (Kopfsalat) ess, weiß mer. Ävver wat ess Karmenat? Dat Woot kütt vum italienische carbonata (op Kolle/Kohlen jebrode Fleisch). Dat künne Kotelettcher un Reppcher met un ohne Knoche sin.
En Karmenad ess och ene Pannekoche/Pfannenkuchen. Dä kann dann esu jroß wie nen Abtrettsdeckel/Toilettendeckel sin.

Kenn

Wat versteit mer unger nem Kenn?

Mer kann e lang, e spetz, e schmal odder sujar e Dubbelkenn (Doppelkinn) hann. Wä jemein ess, säht för einer der en Kennwaaz hät, hä künnt do singe Hot draan ophange. „Dat ess ene Kennepappa." En Juxfrohch ess: „Woröm drähs de eijentlich nen Baat?" Die Antwort: „Öm et Kenn!" Och kenne mer em Kölsche löstije Spröchelcher üvver et Kenn: „Spetze Nas un spetz Kenn, do sitz der Düvel dren!" „Spetz Kenn, kodde Senn (böser Sinn)."„Pass op do, söns kriss de eine vör di Kenn." „Halt Ding freche Mul! Ich kann der och ne Kennhoke (Kinnhaken) verpasse."

Klaaf

Wat versteit mer unger Klaaf?

De Kölsche wessen wat Klaaf bedück, ävver villeich der ein ov andere Imi (aus dem lateinischen imitari, nachmachen: Spitznamen für zugezogene Kölner) nit. Alsu, Klaaf ess ne Verzäll (Unterhaltung). „Wann ich ming Nohbersch treffe, halde mer immer ne kleine Klaaf." Et jiddere ävver och, die sin der janzen Daach am klaafe. Dat sin de reinste Klaafmüler (Schwatzmäuler). För die jit et nix Schöneres, wie üvver ander Lück ze klaafe (sich über andere den Mund zerreißen). „Wat ich Deer jetz sage, blievs unger uns, dunn et nit wiggerklaafe!" E paar Mol em Johr ess „Klaaf em Mediapark". Do ka´mer sich dann kölsche Rühmcher un Verzällcher (kölsche Geschichten) anhöre. Kölsche Klaaf, Alaaf!

klabastere

Wat versteit mer unger klabastere?

„Dat kann nor der Pitter sin. Ich hören in de Trapp eropklabastere. (Ich höre ihn die Treppe hinaufstampfen, geräuschvoll auftreten)." „Dä klabastert esu laut, dat mer meine künnt, hä hätt Klumpe (Holzschuhe, in Holland und den angrenzenden Gebieten früher eine allgemeine Fußbekleidung) aan de

Föß." Möd vum Spille klabasterten de Pänz hinger der Mamm noh Hus. „En de Ferie si´mer der janzen Daach durch de Birch klabastert. Ich hatt minge Schlössel verlore un ben die janze Jäjend noch ens avklabastert (mühevoll abgesucht)."

klevve

Wat versteit mer unger klevve?

„...denn mer Kölsche mer klevve (kleben) wie der Düvel am Levve (Leben)..." heiß et en nem Leedche vun de Bläck Fööss. „Der Pitter soll sich ens öntlich wäsche. Wann de dä aanpacks (anfasst), blievs de klevve (so schmierig ist der). Der klääv vun Dreck." „Dat ess och en richtije Kläävbotz (jemand der lange sitzen bleibt und lästig wird). Dä Kläävbroder (Klebbruder) kanns de nit enlade." „De Tant Nett ess och esu e Kläävkrückche (Klebkräutchen), die kann och nit Tschüss sage." „Die muss en jot Rent hann, die hät ehr Levve lang de Kläävkaat (die Marken für die Altersrente) jeklääv."

Klingelpötz

Wat versteit mer unger Klingelpötz?

Wa´mer jet vum Klingelpötz hö't, denk mer et ehsch aan de Blech (Gefängnis) Klingelpötz. „Dä setz en der Blech, em Klingelpötz (der verbüßt eine Gefängnisstrafe)." Die Blech „Klingelpötz" ess noh dem Stroßename Klingelpötz su jenannt woode. Dat Tipo (Gefängnis), en de Johre 1834–38 vun de Preuße opjebaut, stundt bes am Engk vun de nüngzehnhundertsechsijer Johre do. Dann ess en neu Blech en Ossendorf jebaut woode. Ävver dä Name Klingelpötz ess met noh Ossendorf ömjetrocke. Aan der ahl Plaaz, wo der ehschte Klingelpötz stundt, hann se ne schöne, kleine Park met nem Pötz (Weiher, Brunnen) aanjelaat. Der Name Klingelpötz kütt vun einem, dä do Jrund un Boddem met nem Pötz (Brunnen) hatt un Clingelmann heeß.

kloppe

Wat versteit mer unger kloppe?

„Et hät jeklopp (angeklopft), maach ens de Döör (Türe) op." „De Pänz maache widder su ne Radau (Krach). Klopp denne ens op de Wand, domet die Rauh halde." „Do ess jrad en Klopperei (Schlägerei) em Jang." „Die kloppen sich noch ens de Köpp (Köpfe) en." „Der Pitter hät sich der Dume (Daumen) jepaasch (gequetscht), dä kunnt nit schlofe, weil der Dume de janze Naach jeklopp hät. Dä kunnt och andern Dachs kein Kaate kloppe (Karten spielen)." „Die Ahle (Eltern) hann et Jeld zesammejeschrapp (zusammengespart), un dä hät alles dropjeklopp (verspielt)." „Däm muss mer immer op de Fingere kloppe (zurechtweisen, tadeln)."

Klore

Wat versteit mer unger nem Klore?

„Ich hatt jrad de Finstere jeputz, do kom e Jewedder. Donoh wor de Looch (Luft) klor, ävver ming Finstere wore klor wie decke Tint, wie Wooschbröh (Wurstbrühe)." „Drink Wasser, dann kriss de klor (klare) Auge." „Ich drinke ävver och ens jän ne Klore (Klarer Branntwein)." „Dodrüvver muss mer sich em klore sin." E Wohrwoot säht: „Ahle Klore alle Dach (alle Tage) nem ärme Minsch mer jünne (gönnen) maach." „Maach dat ens der Tant Nett klor (verständlich). Die ess jo och nit mih janz klor em Kopp." „Dat ess doch sonneklor (klar wie die Sonne). Dat litt doch klor op der Hand, klipp un klor."

Klotzkopp

Wat versteit mer unger nem Klotzkopp?

„Der Nohbersch Pitter ess vum Appelbaum op der Kopp jefalle. Jetz hät dä zo singem Klotzjeseech (klobiges Gesicht) och noch ne decke Klotz (Bül, Beule) am Kopp. Sing Frau hatt im jesaat, hä sollt nit op der Baum klemme, ävver dä Klotzkopp (Dickkopf) määt immer wat´e well. Met däm hät die ne richtije Klotz am Bein (eine richtige Belastung)." „Su ne Klotz vun nem Käl (plumper Mann) hätt ich och nie jehierodt." „Et Klotzenbilla (Sybilla mit großen Stieraugen) dät vill besser bei dä passe." „Op däm Baum hangen ävver Äppel wie Klötz (übergroße Äpfel)." „Dä Appelkoche schmeck et bess, wa´mer in met nem öntlije Klotz (Klumpen) Botter parat määt."

Klüngel

Wat versteit mer unger Klüngel?

Dat Krückche (Kräutchen) Klüngel (Vermittlung mit unlauteren Mitteln) soll janz besonders jot en Kölle jedeihe. Mer säht, dat keiner so jot ze klüngele versteit wie der Kölsche. Unse fröhere Oberbürjermeister Konrad Adenauer hät dat ens en singem Rheinisch esu formuleet: „Mit dem Klüngel is dat eso: Mer kennt sich un mer hilf sich." Jäje klein Klüngeleie kann keiner jet hann, mer darf nor keinem dobei schade. Mer muss oppasse, dat mer keinem Klüngeler (jemand der nicht ehrlich seine Geschäfte abwickelt) en de Fingere fällt. „Die Klüngelersche (Klüngelerin, Kupplerin) hät die Zwei zesamme jeklüngelt. Mer kann nor hoffe, dat die Klüngelsarbeit jot jeit."

Klütte

Wat versteit mer unger Klütte?

„Do kütt´e (da kommt er), dä Mann met de Klütte (Briketts, Braunkohle in längliche Form gepresst)!" Woodt dat jerofe dann woss mer: Der Klüttemann (Brikettmann) ess ze sinn. Dä kom met singem Klüttewage (Brikettfahrzeug) un dät för ne Klüttehändler (Kohlenhändler) de Klütte en de Hüser schleife. Die Klütte woodten dann em Klüttekeller (Brikettkeller) opjestivvelt. Donoh wor mer dann selvs klütteschwatz (so schwarz wie Briketts). Em Kreech hann de Minsche Klütte jeklaut. Einer hät dann de Klütte vum Klüttewajong (Brikettwagon) eravjeschmesse. De Klüttefabrike (Brikettwerke) lohche jo vör de Pooze vun Kölle (ganz in der Nähe von Köln).

Knaatsch

Wat versteit mer unger Knaatsch?

„Die Doochter vum Lissje ess en richtije Knaatsch (ein wehleidiges Kind). Kritt dat nit singe Welle jedonn, fängk dat tireck aan ze knaatsche (weinen)." „Die iewije Knaatschei kann einem op der Wecker falle (einem lästig werden)." „Der Pitter hät en Knaatsch (eine Frau, die immer jammert) jehierodt. Die knaatsch (klagt, jammert) im der janzen Daach de Ohre voll. Hät dä ens e bessje ze vill jepött (etwas über den Durst getrunken), hät´e en halve Woch Knaatsch (Ärger, Zank) en der Bud (ze Hause, in der Wohnung). Hä selvs ess ävver och ne Knaatschkopp (ein übellauniger Mensch). Su künne se sich jäjensiggich jet vörknaatsche."

Knallzijar

Wat versteit mer unger Knallzijar?

Wa´mer dat Woot jenau nimmp, ess op Huhdütsch ne Knall ein Knall un en Zijar eine Zigarre. Alsu sollt mer meine, dat wör en Zijar, die knallt. Ess et ävver nit. En Knallzijar ess em Huhdütsche eine Ohrfeige. „Komm do mer noch ens domm, dann kriss de en Knallzijar." „Wiesu, ich rauchen doch nit." Dä Knallkopp (Dummkopf) hät wal jet verkeht verstande. Ehsch wann de däm eine knalls (eine Ohrfeige gibst), im eine tachtels, dat et knallt, weiß dä, wat jemeint wor." „Dä hät et verdeent (verdient), dat mer im eine knallt, dä hät dat janze Jeld dropjeknallt (verschwendet). Wie dä heim kom, hät im sing Frau de Dör vör der Kopp jeknallt un in eruss jeschmesse."

Knibbelsbroder

Wat versteit mer unger nem Knibbelsbroder?

„Loß ding Näl (Fingernägel) en Rauh (in Ruhe) un hör endlich ens dat Knibbele (knabbern, herumkauen) op! He häss de jet Leckersch (Plätzchen, Gebäck), do kanns de draan erömknibbele. Wann do nix för avzeknibbele (avpiddele ov avpöttele, abbröckeln) häss, bess de nit jesund (fehlt dir etwas). Do bess ene richtije Knibbelsbroder (jemand der immer etwas zum abbröckeln oder herumbasteln braucht). Wie wick bes de dann met dinger Knibbelsarbeit (knifflige Arbeit, die viel Zeit braucht)? Do häss de doch jenohch för draan erömzeknibbele, odder ess der die ze knibbelich (kniffelig)? Die Knibbelei (mühsame Arbeit, die Fingerfertigkeit erfordert) wör nix för mich."

Knick

Wat versteit mer unger Knick?

En der Schull weed hück immer winnijer met Knick (och Krick/Kreide) aan de Tafel jeschrevve. Die hann hück bal all ne Kompjuter. Beim Käjele wäden ävver immer noch Schröm (Striche) met Knick aan de Tafel jemaat. Bei de Köbesse (Jakob, Bedienung in Brauhäusern) muss mer oppasse, dat die kein Schröm met dubbelter Knick (mehr anschreiben als man verzehrt) maache. Dann steit mer huh en der Knick (in Schulden). Dat darf dem Jupp nit passeere, dä ess ärch knickerich (geizig, knauserich). Dat ess ne richtije Knickstivvel (Geizkragen).

Die lang Knick (der hagere Mensch) weed dann kniggewieß (kreidebleich) un besüff (betrinkt) sich esu, dat´e nit mih jradus üvver ne Knickschrom (Kreidestrich) jonn kann.

Knies

Wat versteit mer unger Knies?

„Der Pitter hät Knies (Streit, Zank) en der Bud (zu Hause)." „Met esu nem Kniesbüggel (Geizkragen) mööch ich och nit verhierodt sin." „Sing Frau ess ävver och ne richtije Knieskopp. Die ess zo kniestich (geizig), sich ens öntlich ze wäsche." „Su kniestich (schmutzig, ungepflegt), wie die och immer erömläuf, hätt ich die ehsch jar nit jehierodt." „Die zwei hann sich jesook un jefunge, denn der Pitter läuf och immer met kniestije Hoore (fettige Haare) eröm." „Dat kanns de däm och sage, ävver dä hät de Ohre voll Knies (etwas nicht hören wollen; Ohren voller Schmutz), do ess dä dauv (taub) drop." „Bei denne ze Huss blievs de och üvverall klevve (kleben), su kniestich (schmutzig, klebrig) ess et do."

Knochejerämsch

Wat versteit mer unger nem Knochejerämsch?

„Häss de et Sting (Christine) jesinn? Dat ess zick singer Krankheit e richtich Knochejerämsch (Knochengerippe), nor noch Fell un Knoche." „Dat ess däm Knochemann (Tod als Gerippe) noch jrad vun der Schöpp jesprunge." „Ich hann et och allt lang en de Knoche (ich brüte auch eine Krankheit aus) un ben esu schlapp, ich falle bal üvver ming eije Knoche (Füße)." „Wa´mer alt weed, wäden de Knoche stief, un wann do des Morjens ding Knöchelcher nit mih spörs bess de dut." „Der Pitter ess mer domm jekumme (hat mich beleidigt). Wann dä mer en de Knoche (Hände) fällt, kann dä sing Knöchelcher em Sackdoch (Sacktuch, Taschentuch) heimdrage." „Bliev besser met de Knoche (deinen Fingern) dovun (mach das besser nicht)!"

Knöddel

Wat versteit mer unger nem Knöddel?

„Helf mer ens, dä Knöddel/Knodde (Knoten) opzemaache." „Jung, dä häss de ävver och fass zesammejeknöddelt! Jevv der Möh (gib dir Mühe), dat Knöddelche wees de wal allein opknöddele (aufknoten) künne!" „Maach der ne Knöddel (Knoten) en et Sackdoch (Taschentuch), dat do morje et Kumme nit verjiss. Ich hatt et allt verjesse, do op eimol wor der Knöddel opjejange (habe ich mich wieder dran erinnern können)." „Et Marijännche kütt och. Sing Höörcher (Haare) hät et zo nem Knodde/ner Knuuz (Haarknoten) zesammejeknöddelt/-jefriemelt (ordentlich oder unordentllich zusammengebunden)."

knöppe

Wat versteit mer unger knöppe?

„Dä, jetz ess mer der Knopp (Knopf) avjeresse, un et ess usjerechnet et Krage-knöppche (Kragenknöpfchen). No fählt mer der Knopp, dä en dat Knopploch pass, un ich kann dat Hemb nit mih zoknöppe (zuknöpfen)." „De Haupsaach ess doch, mer hät kein Knöpp op de Auge, wie der Pitter, dä mich nit je-sinn hät." „Wat wells de maache, dat ess doch och allt ne ahle Knopp (ein alter Kerl)! Dä hät ävver vill Knöpp (Geld) en der Täsch. Dat muss ne riche Knopp sin (ein reicher Mann sein), wie dä immer met de Knöpp öm sich wirf (wie der das Geld immer mit vollen Händen ausgibt). Et ess jedenfalls keine Knieskopp (Geizkragen)."

Knoll

Wat versteit mer unger ner Knoll?

„Die Knoll (Spitzname für jemand, der ein plumpes Gesicht hat) hät sich opjeräch, dat mer immer Knoll för in sage." „Dä kann doch och nix doför, dat dä su en Knoll (dicke Nase) em Jeseech dräht." „Dat kann ävver och ne richtije Knollekopp (ein eigensinniger Mensch) sin." „Dä Name pass bei die Knolleboore (Bauern, die Zuckerrüben/Futterrüben anbauen)." „Die wonne en Knollendörp (Knollendorf), wo och Tünnes un Schäl un die janze Knol-lendörper Schwitt vum Kölsche Hännesje-Thiater ze Huss sin. Dä Knol-len-Henrich steit immer met singem Knollewage om Maat un verklopp (verkauft) do sing Ädäppel, die su deck wie Knolle sin."

Knubbelefutz

Wat versteit mer unger Knubbelefutz?

Ne Knubbelefutz ess wie och ne Mölmpupper ne kleine Minsch, dä sing Fützjer (Blähungen) su noh üvver der Ääd (nahe über der Erde) loss liet, dat der Stöpp (Staub) op der Stroß en de Hüh flüch. (Dat ess däftich, kräftich un nit jrad fing usjedröck). Ne Knubbeledotz odder e Knübbelche ess dojäje e klei Püütche, wat jot durch der Winter jekummen ess (was gut genährt ist). Mer kann och ne Knubbel Jeld hann (reich sein) odder wie bei de Funke Rut-Wieß en Knubbele (Abteilungen) enjedeilt sin. Die stonn dann op einem Knubbel (auf einer Stelle) odder se setze ze Knubbele (in Gruppen) beienin. Och unger de Funke jitt et ere (gibt es manche) die Huhdütsch met Knubbele (mit kölschen Wörtern durchsetztes Hochdeutsch) spreche.

Knudel

Wat versteit mer unger ner Knudel?
Dat Woot Knudel ess vielleich verwandt met Wööt wie Knöddel (Knödel und Knoten). Em Kölsche kennt mer et als Spetzname för ne Bäcker. För dat Woot Jeknudels künnt mer ävver och Jeklüngels odder Jeknubbels (undurchsichtige Machenschaften, unsaubere Arbeit, dichtgedrängte Menschenansammlung) sage. Wann mer jet zesammeknudelt, dann hät mer jet zesammejefriemelt (unordentlich zusammengelegt). Mer kann och einer aan sich knudele (heftig an sich drücken, liebkosen). Do kann mer dann ävver och knuutsche för sage. Wie soll mer met su nem Jeknudels (Durcheinander) klor kumme?

Knüselsmatant

Wat versteit mer unger ner Knüselsmatant?
Wann mer säht: Die odder dä ess ärch knüselich, dann meint mer ne Minsch, dä et för e Beispill met dem Wäsche (Waschen, Körperreinigung) nit esu jenau nimmp. „Die Knüselersch (unsaubere Frau) ess esu knüselich, die kanns de nor met der Zang (Zange) aanpacke. Die Knüselsmatant (aus dem französischen ma tante, meine Tante, unreinliche Frau) met ehrer Knüselsarbeit un ehrem Knüselskrom kennt jeder. Die knüselt sich all jet zerääch (zurecht). Die Knüselei (unsaubere unordentliche Arbeit) kritt die em Levve nit verklopp (verkauft). Die ess och met nem Knüselskääl (jemand der nichts taugt) verhierodt."

Knuuzenbüggel

Wat versteit mer ungern nem Knuuzenbüggel?
Dä, wie soll mer dat Woot Knuuzenbüggel useneinposementeere (erklären)?
En Knuuz kann vill bedügge. För e Beispill en Bühl (Beule), ne Knuff (Schlag,
Stoß) odder en Hoorknuuz, e Knüüzje bei Fraulückcher (Knoten der Haarfri-
sur bei Frauen). Un ne Büggel ess op Huhdütsch ein Beutel. Beldlich jesinn
muss mer sich unger nem Knuuzenbüggel ne kleine, hässlije Minsch vörstelle.
Mer kann einem ävver och en jehörije Knuuz verpasse (Beule zufügen). „Dä
hatt noch jet bei mer em Salz lijje (mit dem musste ich noch abrechnen). Wie
dä mer en de Fingere jefalle ess (wie ich dem begegnet bin), hann ich däm
ens jehörije Knuuze jejovve (habe ich ihn tüchtig verprügelt)."

Knuverei

Wat versteit mer unger Knuverei?
„Wat bess de do widder am knuve (basteln, arbeiten)? För su en Knuvarbeit
hätt ich kein Jedold! Ävver deer määt der Knuv (die Bastelarbeit) vill Pläseer
(viel Freude). Wann do nix för ze knuven häss, bess de nit jesund (fehlt dir
etwas). Ich hann et och versook un erömjeknuv, ävver die Knuverei ess nix
för mich." „Dem Lisbeth sing Doochter ess e richtich Leckerche (ein niedli-
ches Kind). Dat künnt mer der janzen Dach knuve (liebhalten, liebkosen)."
„Dat ess däm jar nit rääch, dat luuter einer zo vill aan im erömknuv." „Ejal,
ich hann im jet Leckersch (Süßigkeiten) en singe Ranzen erenjeknuv (hin-
eingesteckt)".

Koppping

Wat versteit mer unger Koppping?
Kopp ess op Huhdütsch Kopf un Ping sin Pein. Zesammejesatz jit dat jetz
Koppping (Kopfschmerzen). „Der Papp (Vater) määt sich ärch vill Koppping
(Sorgen), wat us dem Will (Wilhelm) ens wäde soll. Dä ess singem Vatter

üvver der Kopp jewaaße, (größer als er, auch in übertragener Bedeutung) dä hät e jot Köppche (ist helle, klug). Et soll ävver immer noh singem Kopp jonn (es soll immer sein Wille geschehen). Die zwei hann sich allt off bei de Köpp krääje (gestritten). Wat die sich dann immer aan der Kopp schmieße (verbal streiten) hälts de em Kopp nit us (ist schwer zu ertragen). Dat jeit mer och nit en der Kopp eren. Do muss mer Näl met Köpp maache (etwas klar regeln)."

Köttnüsel

Wat versteit mer unger nem Köttnüsel?
Jetz jonn de Pänz nit nor op Hellije Zinter Mätes (St. Martin) kötte (betteln), nä, och op Halloween (hallows, all Hallows Eve, Vorabend von Allerheiligen) kummen se aan de Dürre (Türen) bimmele. Die Kötterei jeit einem op der Wecker (die Bettelei kann sehr lästig sein). Besonders et Pitterche ess ne jroße Köttnüsel (jemand der immer um Kleinigkeiten bettelt). Däm sing Mamm (Mutter) wor och esu e Köttwiev. Dat Köttminsch wor em janze Veedel (Viertel) bekannt. Jitt et jet zesammezekötte, ka´mer die immer vörschecke. Keiner ess esu köttnüselich wie die. Dat litt en der Famillich. Där ehre Vatter wor och als Köttbroder bekannt.

Kranköllich

Wat versteit mer unger nem Kranköllich?
Krank ess krank, klor, un Öllich ess en Zwibbele (Zwiebel). Jetz mööt mer meine, en Kranköllich wör en kranke Zwibbel, wat jo domm ess. Et jitt fuhl Öllije, Zwibbele, ävver kranke Zwibbele? Nä, jemeint ess ene Minsch, dä luuter alle Augenblecks krank ess, de Kränkde kritt (Krankheiten bekommt). Mer kann ävver och de Kränk en der Täsch, em Pottemanee hann (kein Geld haben). E Wohrwoot säht: „Wä süff (trinkt) wie en Senk (Schlinggrube), dä kritt de Kränk, wä friss wie en Deer (Tier), dä kritt eh´r noch mih." „Wann do mich noch wigger su schikanees (piesaks, kujenees, gemein behandelst), salls de (sollst du) de Kränk krijje!"

Kratzbösch

Wat versteit mer unger ner Kratzbösch?

Kratze meint kratzen un en Bösch ist eine Bürste. Jetz künnt mer meine, dat ess en Bösch met där mer sich kratze kann. Jitt et bestemmp och! Wa´mer ävver säht, „do bess en Kratzbösch!", ess domet e zänkisch Wiev (Weib, Frau) jemeint. „Ich kratz (kratze) der schläächten Kratzbösch noch ens de Auge us." „Dä ehr Doochter ess och ärch kratzböschtich. Wann dat nit der Welle jedonn kritt, bieß un kratz dat wie en Katz." „Dat hät och allt allerhands Krätzjer jelivvert (Die hat sich schon allerlei erlaubt)." „Un wie dat sich immer opkratz (opkladunjelt, herausputzt)!" „Dat jeit dich nix aan, dat soll dich nit kratze (stören)!"

kraue

Wat versteit mer unger kraue?

Kraue meint och kratze odder jöcke. „Nit kraue, wäsche (nicht kratzen, waschen)!" Do fällt mer e Leedche vun de Bläck Fööss en: „Wann et jöck, dann weed et Zick, dann muss de en de Bütt (Badewanne, füher Zinkwanne), weil mer söns Bazille kritt (weil man sonst krank wird)." Wä Flüh hät, kraut sich (Wer Flöhe hat, juckt sich). Mer kann einem ävver och et Fößje (Füßchen) kraue (einem schmeicheln), odder sich hinger de Ohre kraue (wenn man verlegen ist). Kraue meint ävver och eine drangsaleeren (drangsalieren, schikanieren, arg zusetzen). „Dä ärme Jupp! Däm sing Ahl (Alte, Ehefrau) ess dä der janzen Daach am kraue." „Selver schold! Dä hät och en singem Levve schwer jekraut (liederlich gelebt)."

kribbelich

Wat versteit mer unger kribbelich?

„Bes doch nit esu kribbelich (ungeduldig). Do määs mich janz kribbelich (nervös)!" „Ich hann su e kribbelich (unruhiges) Jeföhl. Et kribbelt en alle

Jlidder (Glieder)." „Do ka´mer ävver och der Kribbel krijje (ungeduldig wer-
den)." „Meer kribbelt (juckt) et en der Nas, ich jläuve, et jitt bestemmp jet
Neues." „Meer kribbelt et en der räächte Hand. Dat soll Jeld jevve!" „Wann
de Musick spillt, kribbelt et mer unger (odder en) de Föß. Dann kann ich
nit stell setze blieve. Dann muss ich danze." „Der Ohm Jupp (Onkel Josef)
hät mer jeschrevve. Wat dä sich do zesammejekribbelt (gekritzelt) hät, kann
kei Minsch (kein Sau, wat nit fing jesaat ess!) lese. Dat ess suwiesu ne Krib-
belskopp (ein nervöser Mensch)."

Krömche

Wat versteit mer unger nem Krömche?
„De Tant Nett (Kurzform zu Katharina, auch Nettche, Netta, Tring, Tringche)
steit bei Wind un Wedder met ehrem Krömche (Warenbude, Marktbude)
om Trödelmaat un verkäuf do ehre Neppeskrom (Ziergegenstände)." „Dat
ess ahle Krom (Altertümliches, Antiquitäten) un en fiese Plackerei, dä janze
Krom (die Gegenstände) enzestivvele (einzupacken), uszestivvele (auszupa-
cken, auszulegen)." „Ävver dä Kromlade (Kramladen) läuf jot (ist rentabel)!
Met dem Krom hät die allt vill Nüsele (Geld) jemaat (verdient)." „Hör mer
met su nem Krom (Gerede) op. Ich mööch dä Krom (Brass, lästige Arbeit)
nit am Hals hann."

Krönzele

Wat versteit mer unger Krönzele?
Wa´mer bei der Tant Nett (och Netta, Nettche, Trina, Tring, Trigche) op
Besuch wore (wenn wir die Tante Katharina besucht haben), jov et immer
Krönzeletaat (Stachelbeerkuchen). Die hät ne eije Krönzelestruch (Stachel-
beerstrauch) em Jade. Jedes Johr, wann de Krönzele rief sin, jo´mer bei de
Tant ernte. Där ehr Doochter (Tochter) ess en Krönzel (zimperliches Frau-
enzimmer). Die kanns de met de Krönzele jage (vertreiben, die mag keine
Stachelbeeren). Dreimol em Johr kütt ne Krönzel-Inspekter (Gartenaufseher),

för ze lore, dat mer met un en dem Jade keine Undauch (nichts Verbotenes) drive (anstellen).

Kröötsch

Wat versteit mer ungern ner Kröötsch?
„Et Nohbersch Marie (die Nachbarin Maria) ess allt widder krank. Do weiß mer nie, ov et richtich krank ess, odder nor widder erömkröötsch (sich krank stellt)!" „Bei uns heiß die och nor ‚die Kröötsch' (Spitzname, Schimpfname für eine weinerliche Frau)." „Der Kröötsch jonn ich en Zokunf (Zukunft) us dem Wääch. Dat iwije Jekröötschs kann ich mer nit mih aadunn (Das ewige Jammern kann ich mir nicht mehr antun). Dat ess schingks (anscheinend) nit jesund, wann et nix för erömzekröötschen hät." „Dem Pitter wor dat Erömjekröötsch (Klagen) och ze vill. Jetz kann et sich allein jet vörkröötsche." „Mänchmol deit mer die Kröötsch ävver och leid. Mer weiß jo nie, ov it nit doch malätzich (aus dem frz. malade, krank, kränklich) ess."

krose

Wat versteit mer unger krose?
„Bes de bal met dinger Kroserei (rastlosen Arbeit) fädich? Mer welle jonn!" „Nä, ich ben medden em Kros (ich bin mitten in der Arbeit, z.B. beim Hausputz). Ich hann jo och immer dä janze Kros (die vielfältige, mühevolle Arbeit) allein am Hals." „Do häs allt immer jän erömjekros (Dir hat die Arbeit immer Freude bereitet). Wann do nix för ze krose häss, fählt deer jet." „Dann loor der doch blos ens he dä Kros (das Durcheinander) aan. Bei där Krosarbeit künns de mer jot ens helfe. Dann wöre mer met däm Kros och flöcker fädich un künnte jonn." „Ich ben keine Krospitter (jemand der sich keine unnötige Arbeit macht). Ich jonn jetz allein, tschüss!"

Kröttche

Wat versteit mer unger nem Kröttche?

„Och, wat e leev klei Kröttche (kleiner Junge, Knirps)!" „Bess stell, dat kann och ne batzije (frecher, ungehorsamer) Krott sin." „Wä vun all´ dä Krött ess nit allt ens e lus (ein pfiffiges, listiges) Kröttche?" „ Ich kennen och su ne fratzije (trotzije) Krott. Dä jehö´t der ärm Frau Bömmelmann. Die hät noch mih vun der Krött ze Huss (die hat noch mehr von den kleinen, frechen Burschen, Kindern zu Hause)." „Besonders der Ältsde ess ne Krottaasch (Schimpfwort aus Krott und Arsch und meint einen besonders großen Frechdachs). Dä ess richtich krottich (ungezogen)." „Der Bömmelmann (Herr Bömmelmann) hät die ärm Frau met all dä Krött setze loße (mit all den Kindern alleine gelassen)."

Krückche

Wat versteit mer unger nem Krückche?

E Krückche ist ein Kräutchen (Garten-, Küchen-, Gewürzkraut). Et jtt kei Malätzichkeite (Krankheiten), jäjen die kei Krückche (Heil-, Arznei-, Teepflanze) jewaaßen ess. Nor jäjen de Dommheit (Dummheit) odder der Dud nit. Do fällt mer e Rümche en: „Et soß ne Boor em Jade un droß (verrichtete seine Notdurft). Hä nohm en Hand voll Blader (Brennesseln) un wosch (wusch). Hätt der Boor dat Kruck jekannt, hätt hä nit sing Fott verbrannt!" Et jtt ävver och e Krückche, wat mer sich us nem Kruckdöppe (Krauttopf) op et Brut schmeere kann. Un et jtt och e Kruck, wat mer rauche kann. Dat ess ävver nix för e Krückche Röhrmichnitaan (eine sensible Person).

Krüssje Julasch

Wat ess e Krüssje Julasch?

Op ner kölsche Foderkaat fingk mer allt ens „Krüssje Julasch, heiß un scharf". För e paar Johre heeß et noch e Krüssje wärm. Wat Julasch ess, wesse mer, wat wärm ess och, ävver wat ess e Krüssje odder wie et fröher op ner kölschen Foderkaat stundt, e Krüssje wärm? Dat ess Flöck-Foder, en klein Mohlzick (Mahlzeit), e Häppche för nevvenbei, ne Imbiss.

He ess dat ne Imbiss us jebrode Fleischstöckelcher met Zaus (Soße), en die mer Brutbröckelcher odder Röggelche (Roggenbrötchen) zoppe (tunken) kann. Dobei e Jläsje Kölsch: en Tillekatess!

Krützje

Wat versteit mer unger nem Krützje?

Als Pänz ha´mer jespillt: „Ich hange he am Krützje, wä mich leev hät, jitt mer e Bützje (Küsschen)." Mer kann ävver och ze Krütz (Kreuz) kruffe (sich demütigen). Odder e Krütz maache (sich segnen). Jederein hät si Krütz (Leid) ze drage. Draach die Krütz met Jedold, denk do bess ess selver schold. Krütz-himmelherrjottsdonnerkiel, weiß do wat do mich kanns? Do kanns mich krützwies…. Fastelovend singe mer krützfideel (lustig, heiter): „Ov krütz odder quer, ov Knäch odder Här, mer loße nit, mer loße nit vum Fasteleer." Lück die jän eine zevill pötte sin off krützjranatestänehagelvoll. Do schleit mer et bess e Krütz drüvver.

Kruffe

Wat versteit mer unger kruffe?

„Wat krüffs (krauchst, kriechst) de eröm, bes de krank?" „Nä, ich ben möd. Ich kann nor noch erömkruffe. Ich wonne en nem Kruffes (kleinen Zimmer), en dem ich kein Luff krijje." „En däm Krüffesje künnt ich och nit schlofe!" „Ich hann allt öm e ander Zemmer jebeddelt. Ich ben allt ze Krütz jekroffe. Die Ahl (verächtlich gesagt für Frau, hier die Vermieterin) well, dat ich ehr en de Fott (Aasch) kruffe. Dat huhpöözije (stolze, hochnäsige) Kruffhohn (Zwerghuhn, hier verächtlich gesagt für eine kleine unansehnliche Person) kütt och noch ens ze kruffe. Su ne Kruffes kritt mer nit esu flöck vermeed. Kruffese jitt et üvverall.

Kühmbretzel

Wat versteit mer unger nem Kühmbretzel?

De Tant Fienchen (die Tante Josefine) ess ne richtije Kühmbrezel (eine Person die immer klagt und stöhnt). Die kühmp der janzen Daach för jeden Dreck (für alles). Der ehre Kühm (Stöhnen) kütt mer am Hals erus (kann ich nicht mehr ertragen). Wann die nix för ze kühme hät, fählt der jet. Die Kühmerei kann ich meer nit mih aandunn. Die hät och immer dem ärme Ohm Jupp (Onkel Josef) de Ohre volljekühmp. Dä kunnt dat Kühme och nit ligge. E Wohrwoot säht: „Kühme ändert kei Minsch un bessert kein Zigge." Wä nix för ze kühme hät, sök sich jet. Denn wä nix för ze kühme hät ess et selvs schold.

Kujeneere

Wat versteit mer unger kujeneere?

Wa´mer säht: „Dä ess mich der janzen Daach am kujeneere", meint mer domet einer, dä einen der janzen Daach schikaneet (schikaniert, böswillig ärgert). Schlemm ess et, wa´mer ne Kulleech (Mitarbeiter) hät, dä einen der janzen Daach kujeneet. Schlemmer noch, wann dat ne Bövveschte (ein Vorgesetzer, der Oberste) ess. Dä Kujeneer (gemeine Ärgereien) muss mer sich dann jefalle loße. Hät mer su ne Kujon (gemeiner Kerl, das Wort ist aber heute nicht mehr gebräuchlich) am Hals, muss mer die Kujeneererei (schlechte Behandlung) ushalde. Well mer sich nit kujeneere loße, sollt mer sich en ander Stell (einen anderen Arbeitsplatz) söke.

Kuletschhot

Wat ess ene Kuletschhot?

Ne Kuletschhot ess ene schwatze Helm, dä so schwatz (schwarz) wie Kuletsch (Lakritz) ess un wie de preußische Schupos (Schutzmänner, Schutzpolizisten) se jedragen hann. Die woodten dann zom Kuletschhot. „Do kütt der Kuletschhot! Mer müsse tirre jonn (laufen gehen, uns aus dem Staube machen)." Als Pänz ha´mer Kuletsch (Lakritz in Stangenform oder kleingeschnitten) jelötsch, odder mer hann Kuletschwasser druss jemaat. Öm dat ze krijje, moote mer der Kuletsch in ner Fläsch met Wasser sulang schöddele, bes dat Wasser schwatz wor. Ming Bestemo (Oma) hät et leevs Kuletschbeer (Malzbier, wegen der dunklen Farbe so genannt) jedrunke.

Kumede

Wat versteit mer unger Kumede?
„De Kumede" nennt sich der Spillkreis vum Heimatverein Alt–Köln. Em Johr nüngzehnhundertsibbenunveezich ess „de Kumede" jejründt woode. Im Johr zweidausenddrückzehn hann de Kumedemächer e Jubiläum jefeet: Sechs mol elf Johre Kumede-Thiater. En där Zick sin en janze Häd Kumedespillcher üvver de Bühn jelaufe. Met Kumede meint mer e Schauspill (Lustspill, Komödie, komisches, lustiges Spiel). Un die, die em Spill metspille, nennt mer Kumedemächer. Och em stinknormale Levve jitt et Kumedemächer. Dat sin Lück, die jän Wetzjer verzälle. Die können et dann nit loße. Die müssen dann luuter (immer) ehr Kumedespillcher avtrecke (ihre Witzchen machen).

Kummelekant

Wat versteit mer unger nem Kummelekant?
Am ehschte Sonndaach noh Poschte (Ostern) jonn de Kummelekante (Kommunionkinder) met zor ehschten hellije Kummelejon (mit zur ersten heiligen Kommunion), de Weechter (Mädchen) em wieße Kummelejonskleidche, de Pooschte (Jungen) em schwatze Kummelejonsaanzöjelche. En der Hand dragen se en Kummelejonskääz (Kommunionkerze). Met singem Kummelejonspaar jeit mer dann en de Kirch (man geht paarweise in die Kirche). Mer deit et ehschte Mol kummelezeere (man empfängt zum ersten Mal die heilige Kommunion). Mer weed dann och zom Kummelejonspaar. „Der Jupp kenn ich allt lang. Ich ben däm si Kummelejonspaar."

Kumod

Wat versteit mer unger kumod?

„Setz de kumod (bequem)? Dat ess minge neue Sessel, ich moot e ne neue hann. Minge ahle wor nit mi kumod." „ Wa´mer älder weed, weed mer och jet kumod (träge)." „ Do häss et nüdich, do häss doch e kumod (behagliches) Levve jehatt." „Mer soll et sich su kumod wie müjjelich maache!" Unger ner Kumod versteit mer e Schränkche (och Schaaf odder Schääfje), en däm mer allerhands erenstivvele (einordnen) kann. „Op däm Naakskumödche vun minger Jroß (Oma) stundt immer ne Kumodehellije (eine Heiligenfigur)." „Der Ohm Will wor ne Kumodehellije (ein scheinheiliger Mensch)." Su eine nennt mer och Pilarebützer (der Heiligenbilder küsst).

Kuschteie

Wat versteit mer unger Kuschteie?

Wä kennt nit dat Leed vum Jan un Jriet: „Un wie hä (der Jan) en de Pooz no kom,/ soß en der Eck dat Jriet./ It soß vör einem Appelkrom (Obststand),/ wo it Kuschteie briet…" Kuschteie sin Kastanie, wo mer och Marone för säht. De Kuschteie wäden met nem Krützje enjeretz un en der Pann odder em Kessel jebrode. Die schmecken et bess, wann et drusse fies kalt ess. Bei uns em Jade stundt ne jroße Kuschteiebaum. „Dä ahle Kuschteiebaum,/ wann dä künnt verzälle./ Dä ahle Kuschteiebaum,/ dä kennt noch Alt-Kölle…", singk der Ludwig Sebus. Kuschteiebäum künne oralt wäde.

Laachduv

Wat versteit mer unger ner Laachduv?

Laache meint lachen un en Duv ist eine Taube. Jetz künnt mer meine, dat wör en Duv die laach. Ess et och. Ävver met dä Duv he ess ne Minsch jemeint, dä jän laach. För e Beispill der Präsident un Kummandant vun de Rut Funke (die älteste Funken-Traditionsgesellschaft Kölsche Funke rut-wieß v. 1823

e.V.) Heinz Günther Hunold. Dä ess „die Laachduv vun der Ülepooz" (jeder
aktive Rote Funk bekommt einen Spitznamen). Mer kann och jriemele un
jiefele, sich schibbele vör Laache, dat de Trone de Backe eravpeckele, odder
mer laach sich en et Füüsje (Fäustchen). Mer muss nor oppasse, dat mer
keine Laachkramp (Lachkrampf) kritt un et Laache nit mih sin loße kann.

Lappekess

Wat versteit mer unger ner Lappekess?
„Ich ben möd, ich muss en de Lappekess (Ich bin müde, ich muss ins Bett)."
Et jitt linge Lappe (Leinenstoffe), sigge Lappe (Seidenstoffe), wölle Lappe
(Wollstoffe). Ich künnt mich draan halde. Mer hät ävver och Lappe unger de
Schohn (Schuhsohlen). Met denne ka´mer sich dann op de Lappe maache
(gehen, laufen, wandern). Et kann einem ävver och jet durch die Lappe jonn
(man kann etwas verpassen). Hät mer e Loch en der Botz, niht mer e Läppche
drop. Ün häss de der wih jedonn, kütt e Läppche dröm. En Läppchensdeck
ess en Deck us luuter klein Läppcher (kleine Stoffstücke). Do säht mer hück
Patchwork för.

Lappledder

Wat versteit mer unger Lappledder?
Et jitt allerhands Zoote vun Ledder: Ohße-, Kalvs-, Schofsledder. Ävver och
Lappledder (Leder für Schuhsohlen). Domet wäden de Schohn (Schuhe) je-
lapp (besohlt, ausgebessert). En dem Ledche vum Carl Wirtz üvver de kölsche
Schusterjunge heiß et: „Mer lappe (besohlen),/ mer pappe (kleben),/ schlonn
kräftich op der Penn (Pinn, Holzstift, Nagel)./ Denn all' die Schusterjunge, /
hann immer ne fruhe Senn …." Mer kann vum Ledder trecke odder einem
aan et Ledder kumme (einen verprügeln), dä ledderweich schlonn. Dann jeit
et däm aan et Ledder (Fell, Haut). Mer kann och zieh wie Lappledder sin,
odder us ander Lücks Ledder Rehme (Lederstreifen) schnigge (auf anderer
Leute Kosten leben).

Latsche

Wat versteit mer unger Latsche?

Met minge ahl Latsche (Schuhe, Pantoffeln) kann ich stundelang erömlatsche, ohne dat mer de Föß wih dunn. Wa´mer breid Latsche (breite Füße) hät, pass mer en kei normale Schohn (Schuhe). Ming Mamm hät immer jesaat, ich soll nit esu latschich jonn, denn ich hann mer ne latschije Jang aanjewennt. Ich hören se immer noch sage: „Latsch (schluff) nit esu! Hev de Bein op!" Ich hann se och allt ens doför jelatsch kräje (eine Ohrfeige bekommen). Der Ohm Jupp un de Tant Marie passe zesamme wie zwei ahl Latsche, wie usjelatschte Huusschluffe (alte ausgetretene Hausschuhe).

Latze

Wat versteit mer unger latze?

„Ich ben ze flöck jefahre un en de Kuntroll jekumme. Do moot ich janz schön latze (bezahlen). Mer kütt et jar nit drop aan, jet ze latze (etwas zu bezahlen). Ävver die hann mich kumme jesinn, un ich hann vill ze vill jelatz (viel zu viel bezahlt)!" Et jitt och ene Latz, för e Beispill der Botzelatz (Hosenlatz) odder e Schlabberlätzje odder Seiverlätzje (wat mer klei Püütcher ömbingk, domet die sich nit vollsabbele (geifern, sabbern, sich beim Essen bekleckern). En lang Latz (Latte) kann ävver och ne lange dönne Minsch sin. „Dä es esu schmal, dä künnt sich jlatt hinger ner dönn Latz (schmalen Holzlatte) versteche." „Su eine kennen ich. Ußerdäm hät dä se nit all op der Latz/Latt (ist nicht recht gescheit)."

Laumann

Wat versteit mer unger nem Lauman?

„Der Pitter ess e ne richtije Laumann, dä liet jän andere för sich arbeide. Su eine künne mer nit bruche. Dä fingks de och immer do, wo et jet för lau umsonst) jitt." „Dä hät et nit esu deck (dem geht es finanziell nicht so gut).

Däm si Jeschäff läuf lau, dä hät sich mih dovun versproche." „Kei Wunder, wa´mer su lau (mit so wenig Engagement) aan die Saach eraan jeit." „Bei lauwärmem Wedder kummen de Lück nit en sing Iesbud." „Dat ess däm laue Patrun ejal. Ich weiß nit, ov einem dä Laumann leid dunn soll, odder ov hä et nit besser verdeent hät."

Läuv

Wat versteit mer unger ner Läuv?

„Wo ess de Mamm?" „Op der Läuv (Speicher, Raum unter dem Dach), de Wäsch am ophange. Söks de di Hemb? Dat hängk för ze drüje op der Läuv." „Et jitt Rän! De Mamm soll et Läuvefinster zo maache!" Der Pitter un et Marie wonne op der Läuv en enem Läuvekruffesje (auf einem Speicherzimmerchen). En nem Leedche vum Carl Wirts üvver de Schusterjunge heiß et: „Mer setze bovven ungerm Daach, jenöchlich (zufrieden, gemütlich) op der Läuv …" Do jitt et och e paar Wohrwöder. För e Beispill: „Dä ess vun der Läuv en der Keller jefalle (Der ist tief gesunken)."Odder: „Huh Hüser hann leddije Läuve (Eingebildete Menschen haben leere Köpfe)."

Leckerjots

Wat versteit mer unger Leckerjots?

Kom uns Jroß (Jroßmoder, Großmutter) op Besök, hatt die för uns Pänz immer Leckerjots (Leckereien, Süßigkeiten) dobei. Die kannt ehr Leckerschnüssjer (Leckermülcher) janz jenau. Die kom nie, ohne jet Leckersch metzebränge. Uns Mamm hatt dann lecker jekoch. Ehsch jov et e lecker Süppche, dann e lecker Bröötche (einen leckeren Braten) un hingernoh (hinterher) e lecker Tässje Kaffe. Et kom e su mänch Leckermüffelche (so mancher Leckerbissen) op der Desch un et woodt lecker jemüffelt un jesüffelt (behaglich geschmaust und getrunken). Fröher hät mer och Leckerfress (leckeres Essen) doför jesaat.

Ledche

Wat versteit mer unger nem Ledche?

Dat ess doch klor, e Ledche ist ein Liedchen. Do fällt mer tireck e Ledche vun de Bläck Fööss en: „Jetz si´mer all´ widder he./ Un singen all´die Leder…" Et jitt nix, wat de Kölsche nit besinge. Et loßen sich ävver doch nit all´ Ledcher singe (man kann aber doch nicht alles erzählen, besingen). Do kann ich e Ledche vun singe (da habe ich meine Erfahrung mit gemacht). Dat ess et Engk vum Led. Et jitt och en janze Häd Lederböcher un Lederhefte. De Akademie för uns kölsche Sproch hät üvver sechsdausend kölsche Leder en et Internet jestallt. Wie vill Leder Kölle ävver jenau hät, weiß keiner.

Leevje

Wat versteit mer unger nem Leevje?

„Kumm herr mi Leevje, mi Hätzblättche (Kosewörter: Liebchen, Herzblättchen). Do bess minge Augetrus (Augentrost, die oder den man gerne sieht). Ich hann dich su jän (leev säht mer selde odder jar nit)!" „Leeve Jung, hör op met däm Schmus (den Schmeicheleien). Wells de dich leev Kind maache (Willst du dich einschmeicheln)?" „Do leev Zick, do bes der leeve lange Daach am römnöttele (nörgeln). Well mer ens leev sin, ess et och nit jot. Weiß de watt? do kanns mich jän hann!" „Do weiß doch dat ich dat nit ligge kann. Dat hann ich jän wie Buchping (Bauchschmerzen). Ävver do bes un blievs och mi Leevje."

letsche

Wat versteit mer unger letsche?

„Et wor esu naaß un flutschich (glatt) op der Stroß, dat ich de längdelangks (der ganzen Länge nach) usjeletsch (ausgerutscht) ben. Et wor esu letschich wie Seif (glitschig wie Seife)." Mer kann ävver och einer letsche loße. För e Beispill wann einer Käu verzällt (wenn einer eine schlechte Rede hält) odder verkehte Tön aanschleit (ein Instrument falsch spielt oder falsch singt). „Mer jonn nohm Linus op de Talentprob. Do ka´mer dann dä ein ov ander schön letsche loße (durchfallen lassen, durch Pfiffe verhöhnen)." Fröher woodt Letschpolver en neu Schohn (Gleitpulver in neue Schuhe) jestraut. Dat hät die letschich (geschmeidig) jemaat un mer kom dann besser dren.

ligge

Wat versteit mer unger ligge?
„Der Pitter ess e richtich Bies, ich kann dä en der Dud nit ligge (ich kann den nicht ausstehen)." „Dä ess doch krank, dä lick off fies Ping (erduldet oft große Schmerzen)." „Jo, dä lick am Mage (der leidet an einer Magenkrankheit). Mer liggen all aan dem singer Krankheit (wir müssen alle darunter leiden). Ich dät wünsche, dat hä nit mih lang ligge (leiden) muss. Dröm dät ich ligge (wäre es mir recht), dat hä allt em Himmel wör." „Dat lick minge Kopp nit (das gefällt mir nicht), dat do su üvver der Pitter schängks. Bei singe Kulleje wor hä jot jeledde (sehr beliebt)." „Jo, mänchmol kann ich mich selvs nit ligge (Ja, manchmal kann ich mich selber nicht leiden/ausstehen)."

lihne

Wat versteit mer unger lihne?
„Kanns de mer e paar Mark lihne (leihen)? Do kriss se och bestemmp widder." „Dat wöss ich ävver! Do verjiss off et Widderbrenge. Do kriss (bekommst) nor noch de Katz jelihnt. Die kütt vun selvs widder!" „Jo, et Lihne ess schwer, et Widderjevve noch schwerer." „Un ich hann mi Jeld nit för ze verlihne. Ich kennen dich. Wat de nit häss, deis de der lihne. Ich ben dinge Fründ, wann ich dich mahne, ben ich dinge Feind. Üvvrijens, jestere op dingem Jebootsdaach kom ich mer richtich jelihnt för (habe ich mich unwohl, unerwünscht gefühlt). Dröm kanns de mer ens en Mark lihne (Ablehnung, ironisch gemeint)!"

Lingedänzer

Wat versteit mer unger nem Lingedänzer?

En Ling ist eine Leine/ein Seil un ne Dänzer ist ein Tänzer. Jot, dann ess ne Lingedänzer ein Seiltänzer. Unger Lingedänzer ka´mer ävver och einer meine, dä vörnehm deit un erömstolzeet; odder einer, dä et nit esu jenau nimmt, jet reskeet, wat in öm Kopp un Krage brängk (etwas riskiert was ihn die Existenz kostet). Mer kann ävver och einer aan der lang Ling laufe loße (jemandem seine Freiheit geben). Laache un Jringe hangen off aan einer Ling (Lachen und Weinen hängen oft dicht zusammen). En Ling ka´mer spanne, för em Jade odder op der Läuv (Speicher) de Wäsch opzehange.

Lossmichjonn

Wat versteit mer unger nem Lossmichjonn?

„He, do Lossmichjonn (träger, langsamer Mensch), wells de nit ens vöraan maache? All` waaden se op dich." „Loss mich jewäde! Do kanns et nit loße, mich ze kujeneere (schickanieren). Do solls mich nemme wie ich ben." „ Nä, ich loßen der dinge Welle nit. Ich loßen Dich nit wie do bess, denn dann blievs de wat de bess. Do rächs mich esu op, dat ich nit weiß, wo ich mich loße soll." „Loss et jot sin! Ich maachen su wigger un loßen der leeve Jott ne jode Mann sin. Un jetz bliev janz räuich un loss mich eifach en Rauh! " „Dann maach doch, wat de nit loße kanns un loss et der jot jonn."

Lotterbov

Wat versteit mer unger nem Lotterbov?

Minge Nohber (Nachbar), der Pitter, wor wie hä ne Fetz wor (als Junge, Bursche) der reinste Lotterbov (Taugenichts). Dä hatt nor Lotterbovereie (Streiche, harmlose Scherze) em Kopp (Sinn). Dat kunnt mer däm och aan-sinn. Dä hatt e Lotterbovejeseech. Dä wor immer för Lotterbovekrätzjer (für harmlose Streiche) ze hann. Mer kann ävver nit sage, dat dat ne Lodderjan

(Müßiggänger) ess. Dä läuf nit verloddert (schmutzig, liederlich) eröm un ess och söns nit verloddert (hat keine schlechte Moral, Gesinnung). „Us unse Lotterbove-Johre" heiß e Boch vum Wilhelm Schneider-Claus met Verzäll-cher us dem Johr 1883. Domols hatten die Pooschte (Burschen) och allt Lotterbovereie em Kopp.

Lüchpitter

Wat versteit mer unger nem Lüchpitter?
Ne Lüchpitter nennt mer einer, dem mer nix jläuve kann. Dat ess alsu einer dä lüch (lügt). „Däm Lüchpitter kanns de nix jläuve. Dä hät allt jelore, wann'e nor allt de Mul opmäät. Wann dä ,Morje' säht, muss de lore, ov et nit allt Ovend ess." „Dä lüch sich en sing eije Täsch (belügt sich selbst). Su einer hät sich et Leje esu aanjewennt, dat hä selver jläuv, wat'e sich zesammelüch. Dä lüch ohne rut ze wäde." Mer säht: Vum Leje kütt mer aan et Bedreje un vum Bedreje aan et Stelle. Ich dät leje, wann dat nit wohr wör! Unjeloge, et ess wie et ess! Lüch wigger (ich glaube dir kein Wort)!

Lus

Wat versteit mer unger lus?
Lus meint schlau, pfiffig, listig. „Dat ess ene Luse! Vör däm muss de dich en Aach nemme. Mer ess dä ze lus, dä häut dich üvver et Ohr wo de dobei bes." „Kei Wunder! Der Vatter vun däm wor och allt e lus Kälche (ein schlaues Kerlchen). Dä hät mänch lus Stöckelche jelapp." Mer kann ävver och lus Äujelcher em Kopp hann (einen intelligenten Eindruck machen). Met denne ka´mer dann och lus us der Wäsch lore. Ne luse Lömmel ess einer, däm mer nit traue kann. Su jet wie e jau Jüngelche. Einer, dä met alle Wasser jewäsche ess (jemand, der alle Tricks kennt).

Luuschhöhnche

Wat versteit mer unger nem Luuschhöhnche?
„Die pass op wie e Luuschhohn (eine neugierige Person, die alles mitbekommen will). Die hät Ohre (Ohren) wie Rhabarberblädder. Die luustert (horcht) aan de Wäng. Dat Luuschhöhnche ess em janze Veedel bekannt." Wann de Famillich op Besök kom, ha'mer Pänz immer juluustert (gelauscht). Mer wollten et all' metkrijje. E Wohrwoot säht: „Wä si Ohr op Luustere stellt, hö't selde jet wat im jefällt." „Mer welle uns leis verdröcke (uns leise davon machen). Luuster ens ov de Looch (Luft) rein ess." „Hör wie schön de Urjel spillt. Mer muss allt jenau luustere, domet mer och die leis Tön metkritt."

Maatwiev

Wat versteit mer unger nem Maatwiev?
"Op dem Maat, op dem Maat stonn de Boore./ Decke Eier, fuule Prumme (Pflaumen), lange Murre (Möhren)./ Un de Lück, un de Lück sin am loore./ Op de Eier, op de Prumme op de Murre..." Dat ess dat Leedche, met däm sich der kölsche Boor em Fastelovend bei de Jecke vörstellt. Un die de Eier, Prumme un Murre op dem Maat verkaufe sin de Maatwiever (wat nit fing usjedröck ess. Besser mer säht Maatfraue odder Maatlück). Die setzen odder stonn hinger ehrem Obs-, Jemös odder Eierkrom. Mer jeit nohm odder op der Maat. E Wohrwoot säht: „Wa'mer üvver der Maat jeit, muss mer mänch Fedderche loße (wird man gerupft)."

Mämmendrück

Wat ess en Mämmendrück?
Dat Woot Mämm kütt us dem Latingsche (Lateinischen), vun mamma (Mutterbrust). Drück ess em Huhdütsche Gertrud (Frauenname). Unger Mämmendrück muss mer sich e Frauminsch met ner decken Bruss vörstelle. „De Frau Möller ess en richtije Mämmendrück (eine Frau mit starkem Busen).

Die hät fünf Pänz (Kinder) un kunnt jedem dovun de Mämm jevve (konnte jedes Kind stillen). Se moot dat Äldere immer vun der Mämm nemme, domet dat Weckelditzje (neugeborenes, gewickeltes Kind) satt woodt."

maggele

Wat versteit mer unger maggele?
Nohm Kreech wood met allem jemaggelt. Der Maggel (Schwarzhandel) wor verbodde. Dä hät ävver mäncheiner üvver Wasser jehalde (Der hat aber manchem geholfen zu überleben). Mer dorf sich nit erwische loße. Die Maggelei kunnt einer Kopp un Krage koste. Et jov nix, wat mer nit om Schwatze-Maat vermaggele kunnt. Do wore Maggelbröder (Schwarzhändler) drunger, die kannte kei Jesetz un kei Jebott. Mänch einer hät der Oma ehr klei Hüüsje vermaggelt. Su en Maggelsbröder jitt et ävver och hück noch. För denne muss mer sich en Aach nemme. För maggele säht mer och kuddele.

Mestepohl

Wat versteit mer unger nem Mestepohl?
Ne Mestepohl (och Mestekuhl) ist ein Mistpfuhl, eine Jauchegrube. Der B. Gravelott (Albert Vogt, ein Mundartautor) schriev vun Mestepohl un Patschkuul (Morastgrube). Dä Wääch wor eine Patsch (Matsch). Et Jüppche hät em Mess (Mist) jespillt. Dä wor der reinste Messfink (Schmutzfink). Dä kunns de nor noch met dem Messhoke (Misthaken, Mistgabel) aanpacke. Mer kann ävver och messfuul sin odder der reinste Mess verzälle. „Bess stell un verzäll nit esu ne Mess (odder och Dress – wat ävver nit fing jesaat ess)." Jäjen en Fohr Mess ka´mer nit aanstinke. Jestere ben ich en der Rän jekumme un messnaß (dressnaß) jewoode. Ming Botz wor bess bovve eine Mess.

Möckche

Wat versteit mer unger nem Möckche?

„Wann de Möckcher (Stechmücken) danze, jitt et andern Dachs schö Wedder!" Mer muss oppasse, dat mer keine Möckestech kritt. Am ehschte Aprel scheck mer de Jecke wohin mer well, vör e Beispill e Möckeföttche (Hinterteil einer Mücke übertragen auf ein kleines Kind) en de Aptek (Apotheke), öm för eine Jrosche Möckefett ze holle. Met Möckepess (Mückenpisse) ess ne Fiselsrän (Sprühregen) jemeint. „Nemm et Parraplü (vum französiche parapluie: Regenschirm) met. Us däm Möckepess kann en staatse Ränschor (Regenschauer) wäde. Mer kann och us ner Möck ne Elefant maache.

möffe

Wat versteit mer unger möffe?

„He möff et ärch! Rieß ens dat Finster op (Hier riecht es schlecht! Öffne einmal das Fenster)! En däm Möffes (stickigen Raum) kritt mer jo kein Luff (bekommt man keine Luft)." „Weiß einer wo dat Jemöffs herrkütt?" „Dä Möff (von muffo, Schimmel) kütt us de Wäng (Wände)." „Ehsch hann ich jedaach, dat die Möfferei vun drusse köm, ävver dat adich Möffje (starker Gestank) kütt vun nem jebaschten (geborstenen) Abtrittsröhr (Toilettenrohr). Do ess en Muff (Verbindungsstück zweier Rohre) jeresse." „Un ich hann allt jedaach, do hätt's ne Möff jeloße (leise, stinkende Blähung)." „No bess ävver stell, esu hann ich noch nie jemöff!"

Möhn

Wat versteit mer unger ner Möhn?

„Et Marieche (Maria) ess en ahl Möhn (eine alte verbitterte Jungfrau) jewoode." „Dat wor jo immer esu huhpöözich (stolz, eingebildet), aan dat hät sich jo keiner eraanjetraut. Et wor im jo keiner jot jenohch." „Hück hät et allt Möhnespeck (sich bei älteren Frauen bildende Fettpolster) aanjesatz." „Dat

verzällt och nor noch Möhnekäu (Altweiberquatsch) un määt och Möhne-
fahte (Kaffee-Fahrten) met." „Unse Ohm Will (Onkel Willi) ess ne Möhne-
trüster (jemand der alleinstehende Frauen tröstet). Dä künnt ich jo ens bei
dat Marieche schecke." „ Hör mer op! Met dä Möhn (mit dem langweiligen
Kerl) ess och nix aanzefange. Do hätten sich de richtije Möhne jetroffe!"

Mölmpupper

Wat versteit mer unger nem Mölmpupper?
Unger nem Mölmpupper versteit mer ne kleine Minsch, dä met singem Fött-
che (Popo) esu noh am Boddem (Boden) ess, dat, wann'e e Fützje (Furz,
Darmwinde) liet, der Mölm (Straßenstaub) opjewirbelt weed. För su einer
säht mer och Föttche aan der Äd. Woröm soll mer nit allt ens eine puppe
(fliegen) loße? E Wohrwoot säht: „Puppe lick och allt ens Nut, denn wä nit
puppe kann ess dut!" Mer muss av un aan allt ens e Püppche (e Fützche)
loße. För e lecker klei Pütche (kleines Kind) säht mer och Puppsäckche. En
nem Schlofleedche heiß et: „Schlof do mi klei Puppsäckche…" (Es gibt im
Kölschen über hundert Kosenamen für Kinder.)

Möpp

Wat versteit mer unger nem fiese Möpp?
Die kölsche Sproch ess en deftich, kräftije Sproch die nit immer pingelich
met de Schängereiwööder ömjeit. Su hät mer flöck jet jesaat, wo besonders
Lück, die met der kölsche Sproch nix odder nit vill an Hötche hann, pikeet
(beleidigt oder gekränkt) sin, die dann Usdröck, die hätzlich jemeint sin, flöck
en der falschen Hals krijje. För e Beispill der Usdruck „fiese Möpp" (schlechter
Hund). Wa'mer dobei de Auge verdrieht un einer leev aanlo't, kann dat och
e Kumpliment un sujar der Aanfang vun ner Pussasch (Liebesverhältnis)
sin; su och die Schängereiwööder „Quant", „Futzemann", „Botzendresser",
„Prinzrabau", „Flabes", „Jeck", „jecken Ditz" un noch vill' andere mih.

muddelich

Wat versteit mer unger muddelich?

„Bei däm Muddelswedder kriss de mich nit vör de Dör. Kumm, drink e Tässje Kaffe met meer." „Wat bes de mer jot! Ävver die Muddelsbröh (trübe Flüssigkeit) ka´mer keinem Esel en et Ohr schödde (ist nicht zu genießen). Do häss heiß Wasser op dä ahle Mutt (Kaffsatz) jeschott. Un en dem Kuddelmuddel (Durcheinander) he schmeck mer der Kaffe allt ens jar nit." „Do häs et nüdich! Lor Dich aan, wie muddelich (auch schmuddelich/ungewaschen, ungepflegt) do widder erömläufs!" En dem Leedche „Der Kölsche Explezeer" vum Toni Steingass heiß et: „Do bess mer vill ze puddelich (muddelich, schmutzig), kumm herr ich plöcken (bildlich: rupfen) dich…"

Müffelche

Wat versteit mer unger nem Müffelche?

„Ich hann nor ei klei Müffelche (einen kleinen Bissen) jemaat, do ess mer der Appetik (Appetit) allt verjange. Ävver jet muss mer jo müffele (essen)." „Stell dich nit esu aan, et letz häss de janz schö jemüffelt." „Jo, e Müffelche (Stückchen) Brut, hann ich erunder kräje. Ävver söns jov et nix Jots för ze müffele. Ich hatt der janzen Daach noch keine Muffel (Bissen) kräje un hatt Schless (Heißhunger)!" „Em leckere Müffelche" (kölscher Wirtshausname) kanns de jot müffele. De Weetsfrau, et Marie, ess selvs och e lecker Müffelche (übertragen auf ein rundliches Mädchen). Däm süht mer aan, dat dat och jän jot müffelt (gerne gut isst)."

Mungk

Wat versteit mer unger nem Mungk?

„Der Pitter ess met dem Mungk/der Schnüss (Mund) jot dobei. Wann dä allt de Mul opmäät, dann weiß de wo de draan bess." „Mem Mungk kann dä et all' (prahlen, großspurig reden)." „Dä hät och söns immer de letzte Wöötem

Mungk." „Dobei lääv dä vun der Hand en der Mungk (dabei kommt er immer so grade über die Runden, kann keine Rücklagen schaffen)." E Wohrwoot säht: „Wä singe Mungk hät en Jewalt, dä weed en Ihre alt." „Och well dä et all müngchesmoß jemaat hann (Auch muss für ihn alles nach seinem Willen gehen)." „Dat ess nit leich. Do kanns et keinem müngchesmoß maache."

Murksbroder

Wat versteit mer unger nem Murksbroder?

„Ich moot ming Wonnung maache loße (ich musste meine Wohnung renovieren lassen). Do hann ich der Pitter jefrohch, ov'e mer helfe künnt. Ävver, dä hät sich villeich jet zesammejemurks (liederliche Arbeit geleistet)! Dä hät en janze Woch erömjemurks un et ess nor Murks (schlechte Arbeit) dobei erusjekumme. Dä künnt ich avmurkse (umbringen, dat ess ävver nit ähnz jemeint). Wie ich däm jesaat hann, hä mööt dat neu maache, hät dä e murksich (mürrisches) Jeseech jemaat." „Dä Murkes hätt ich och nit jefrohch. Aan däm häss de der richtije Murksbroder (ein Mensch der liederlich arbeitet) jefunge."

Muuzepuckel

Wat versteit mer unger nem Muuzepuckel?

Normalerwies kumme Vüjjel en de Muuz (die Mauser), die krijjen dann e neu Fedderkleid. En där Zick hann die kein Loss för ze singe. Bei de Minsche fallen de Hoor us. Kei Wunder dat mer dann schlääch jesennt ess (schlechte Laune hat). „Dä ess en der Muuz", säht mer, un dä määt dann och e muuzich Jeseech. Un esu einer nennt mer dann och Muuzepuckel. Dä jeit dann för ze Laache en der Keller. Ne Muuzkopp ess och einer, dä met dem Kopp durch de Wand well (ein sturer Mensch). Et jitt ävver och Muuze un Muuzemändelcher, söß und lecker, e Traditionsjebäck en der Fastelovendszick.

Naaksül

Wat versteit mer unger ner Naaksül?

En Naaksül ess ene Minsch, dä spät odder jarnit en de Lappekess (zesammen-gesetzt aus Lappen und Kiste, übertragen auf Bett) jeit un sich de Näächte öm de Ohre schleit (wie eine Eule nachts aktiv wird). „Wann die Naaksül medden en der Naach heim kütt, määt die et janze Huus waach. Ich kann Naaksspek-takel (Lärm in der Nacht) nit jebruche. Ich well des naaks, lecker enjemum-melt (warm eingewickelt) em Naakspunjel (Nachtgewand), ming Rauh hann." „Dat ess ne Naaksarbeider (Nachtarbeiter), dä ess bei der Poss (Post)." „Dann Naach zesamme, schloft jot un dräumt söß. Morje ess de Naach eröm."

Nackeditzje

Wat versteit mer unger nem Nackeditzje?

Dat Woot Nackeditzje ess widder ei vun dä ville Name för Pänz (hier ein unbekleidetes (puddelnackich) oder nur mit einem Hemdchen (halfnackich) bekleidetes kleines Kind, Säugling). Mer kann och e nackich Jeseech hann, dann nämlich, wa´mer keine Baat hät. Wa´mer ävver säht: „Dä ess fies na-ckich", ess domet ne Minsch jemeint, dä ärch kniestich (geizig) ess. „Vun där nackije Luus (Laus) kanns de nix erve. Dä hät si janz Jeld verjöck (ausgegeben, verlebt), domet de Verwandtschaff nix kritt." „Hör mer op met dä nackije Verwandtschaff. Die hädden dä doch jän allt ze Läbdesdachs (zu Lebzeiten) nackich ussjedonn (bis auf die Haut ausgezogen, ausgenutzt)."

Naserines

Wat versteit mer unger nem Naserines?

Hät einer en lang Nas, weed dä zo ner Nas, zo nem Naserines (Spitz-oder Spottname). Dat ess dann einer, dä sing Nas en alles erenstich (sich in alles einmischt). Ne andere hät en Nas wie en Knoll. Wie de Nase verdeilt woode sin, hät dä zweimol „he" jerofe. Mer kann ävver och en Nas wie ne Lühkolve (Lötkolben) hann, odder en Himmelfahtsnas (eine Nase die mit der Spitze gegen den Himmel zeigt), en Katömmelchesnas (aus dem Spanischen „melocoton", Pfirsich), en Rotz- odder Schnapsnas…, ich künnt mich draan halde. E Wohrwoot (Sprichwort) säht: „Lang Nas un spez Kenn, der Düvel stich dren!" Jöck der de Nas, wees de jet Neus jewahr. Un häss de de Nas voll, dann häs de kein Loss mih.

Neujöhrche

Wat versteit mer unger nem Neujöhrche?

Fröher dät mer sich op Neujohr e Präsentche (Geschenk) maache. Et Chressfess hät däm Bruch der Rang avjelaufe. Hück krijjen (bekommen) de Müllionäre (Müllmänner, scherzhaft aus Millionär, och Kährmänncher), dat sin die fließije Kälcher, die doför sorje, dat mer nit em Müll verstecke (im Unrat ersticken, umkommen), de Brefdräjer odder söns ne jode Jeis (ein Mensch, der einem etwas Gutes tut) e Neujöhrche (meist ein Geldbetrag). E Wohrwoot (Sprichwort) ess : „Jlöcksillich Neujohr (ein glückseliges Neues Jahr)! Antwoot: Jöv Jott, et wöödt wohr (gäbe Gott, dass es wahr wird)." Odder mer wünsch sich e jlöcksillich Neujohr, der Kopp voll Hoor, de Mul voll Zäng un der Brezel (Backwerk aus Weizenmehl) en de Häng.

Nixnotz

Wat versteit mer unger nem Nixnotz?

„Däm Marie si Pitterche (Marias Peterchen) wor immer su e lecker, lus Kälche (nettes, schlaues Kerlchen). Hück ess dat ne richtije Nixnotz (Taugenichts, ein Junge in den Flegeljahren). Dä hät nix wie Dommheite (Dummheiten) em Kopp. Dä ess us luuter Nixnötzichkeit zesammejesatz." „Dat ess normal! En däm Alder sin se all' jet nixnötzich (aufmüpfig, trotzig). Dat (et Marie) versök immer, däm de Nixnötzichkeite uszedrieve (seine Unarten auszutreiben)." „Mer kann nor hoffe, dät dä nit esu nixnötzich bliev. Em Augenbleck hät dat jedenfalls bei däm nix ze melde (kommt sie gegen ihn nicht an)."

Nörche

Wat versteit mer unger nem Nörche?

Meddachs muss ich immer e klei Nörche halde (ein Mittasgsschläfchen halten). Ich läje mich e half Ührche (e half Stündche) för ze nöre op et Öhrche (aufs Öhrchen). Mer soll sich jeden Daach e Nörche jünne. Wann ich e half Stündche jenört hann, ben ich wie neu jeboore. Ich muss ävver oppasse, dat ich nit ze lang nöre, denn dann ess der janze Daach kapott (Ich muss aufpassen, dass ich nicht zu lange schlafe, denn dann habe ich nichts mehr vom Tag). För nöre ka'mer ävver och nünne sage. Nünne heiß ävver och „behaglich trinken". E Wohrwoot säht: "Loss mer noch ens nünne. Wer weiß, wie lang mer et noch künne!"

Nöttelefönes

Wat versteit mer unger nem Nöttelefönes?

Nöttele meint op Huhdütsch nörgeln un ne Nöttelefönes ist ein mürrischer Mensch, ein kleinlicher Nörgler. Et jitt Lück, denne fählt jet wann se nix för ze nöttele hann. Die söken dann immer noh jet, öm för erömnöttele ze künne un wessen et och all' besser. Dat pass (gefällt) inne nit un dat pass inne nit. För su en Lück säht mer och Nöttelhannes, Nöttelskäl odder Nöttelspitter. Ess einer esu ne Nöttelspott, fällt einem die iwije Nöttelei op der Wecker. Dann hö't mer dä Kühm (das Stöhnen): „Muss de dann immer jet för ze nöttele hann?" Et jitt och Pänz die der janzen Daach erömnöttele, erömquengele. Dat sin dann Nöttelspänz.

Nonnefützjer

Wat versteit mer unger Nonnefützjer?

En Nonn ist eine Nonne (e Nönnche wäde, en e Kluster jonn). En Kölle säht mer för e Nönnche och Bejing, odder Schwester, un e Fützje ist ein Darmwind. Alsu, e Nonnefützje ess e Fäurzche (geziert ausgedrücktes Wort für Fützje) vun nem Nönnche. Wat mer hück unger Nonnefützjer kennt, ess e klei rund Traditionsjebäck en der Fastelovendszick. Doför säht mer och Muuzemandele odder Muuzemändelcher, weil die wie Mandele (Mandeln) ussinn. Manche sage, die söhchen och wie de Flämmcher em kölsche Wappe us. Wiesu mer bei Muuzemändelcher op Nonnefützjer jekummen ess, weiß ich och nit!

Nubbel

Wat versteit mer unger nem Nubbel?
En der Naach op Äschermettwoch, jenau öm 12 Uhr, weed der Nubbel verbrannt. Wä ess dat, der Nubbel? Der Name Nubbel ess ene Name för en Strühpopp. Fröher heeß die Popp Zacheies, un die woodt aanfangs vun der Kirmes opjehange un am Engk vun der Kirmes verbrannt. Us dem Zacheies ess der Nubbel jewoode und dä weed am Engk vum Fastelovend verbrannt. Domet deit mer dann och der Fastelovend bejrave. Mer bruch ene Sündebock för all die Sufferei und Pusseererei. Ävver kein Angs, em nöhkste Johr ess'e widder do, der Nubbel.

Nüsele

Wat versteit mer unger Nüsele?
Mehschtens meint mer met Nüsele Jeld (Geld). „Dat ess ne ärme Schluffe (Schluffe sind Schlappen, Schlappschuhe, Pantoffel. Hier ist aber ein armer, mittelloser auch geistig zurückgebliebener Mensch gemeint), dä hät üvverhaup kei Nüsele." „Dä kritt och keine Nüsel mih vun meer, der versüff (derb für trinken) jo all' sing Nüsele." „Dä setz mem Hot om Nümaat. (Der bettelt auf dem Neumarkt.) Av un aan schmieß im einer e paar Nüselcher (Kleingeld) en der Hot. Dann nüselt (undeutlich sprechen) dä sich jet en der Baat eren. Dat Jenüsels kanns de dann nit verstonn."

Nutstoppe

Wat versteit mer unger nem Nutstoppe?

„Wann der Will´ einer bruch (wenn Wilhelm Hilfe braucht), un dä keine andere Jeck fingk (und kein anderer zur Verfügung steht), ben ich immer der Nutstoppe (Lückenbüßer). Et janze Johr hö't mer (hört man) nix vun däm. Ävver, wann dä en Nut ess, dann weiß dä op eimol wo ich wonne. Dat hann ich nit nüdich! Mehschtens versök'e, mich aanzepumpe (bei mir Geld zu borgen). Ich hann och nor ne kleine Nutpenning, un dä bruchen ich selver. Beim nöhkste Mol sagen ich däm, hä soll sich ne andere Nuthelfer söke. Do häss do kei Nut met (Darüber brauchst du dir keine Sorgen zu machen). Bei dich kütt dä nit (Zu dir kommt er nicht)!

Öchel

Wat versteit mer unger Öchel?

„Mi janz Levve wor eine Öchel (Mein ganzes Leben habe ich schwer gearbeitet). Dat iwije Jeöchels ben ich satt." „Dat jeit ävver nit nor deer esu. Mer mooten all öchele, öm för et zo jet ze brenge. (Wir mussten uns alle anstrengen, um voran zu kommen). Off wor dat janze Römjeöchels (die ganze Plackerei) för de Katz (umsonst). Mer zeröchelt (zerbricht) sich der Kopp, wie mer us däm Öchel (aus dieser schlechten Situation) eruskütt." „Zeröchel dich doch nit esu (Mach dir doch nicht so viel Sorgen)! Dat ess dä Öchel (die Aufregung) doch jar nit wäät." „Jeder meint, singe Öchel (sein Los) wör et schwerste." „Do drüvver ävver well ich mich met deer nit erömöchele (auseinander setzen)!"

Offerbüggel

Wat versteit mer unger nem Offerbüggel?

Ne Offerbüggel kann och ne Klingelbüggel sin. Dä! Un wat ess ene Klingelbüggel? Ne Klingelbüggel ess ene Offerbüggel met nem Klöckelche (Glöckchen) draan. Dat wor un ess nix anders wie ne Köttbüggel (kötte = betteln, Büggel=Beutel), dä klingele dät un met däm en der Kirch jekött (für einen guten Zweck gesammelt) weed. Dann brengk mer e Offer (ein Opfer, eine Gabe). Mer muss jo och allt ens jet offere! Mer kann ävver och et Offerjeld en ne Offerstock (kleiner viereckiger Kasten an verschiedenen Stellen in der Kirche) schmieße (werfen). Weil der Köster mehschtens met dem Offerbüggel rund jingk, hät mer för dä och Offermann jesaat. Wa'mer fies (gemein) ess, ka'mer dä och Köttbüggel schänge (schimpfen). „Do kütt dä Köttbüggel met dem Köttbüggel."

Öhrche

Wat versteit mer unger nem Öhrche?

Do jitt et zwei Müjjelichkeite: Dat eine Öhrche ess dat Deil am Kopp, wo mer mit höre odder luusche (lauschen) kann un dat andere Öhrche/Ührche kann us Jold odder Selver sin. Dat ka'mer am Ärm un en der Täsch drage odder sich op et Naakskumödche (Nachtschränkchen) stelle. Hinger dem eine Öhrche kanns de dich kratze, dat andere kanns de optrecke (aufziehen). Met dem eine Öhrche ka'mer waggele (wackeln), met dem andere sich wecke loße. Aan dat eine Öhrche kanns de Ohrbömmelcher (Ohrringe) hange, dat andere Öhrche/Ührche hängk aan ner Kett. Op dat eine Öhrche kanns de dich läje, dat andere künnt mer us dem Finster schmieße, nämlich dann, wann et einer en aller Herrjottsfröh weck.

Öljötz

Wat versteit mer unger ner Öljötz?

Öl ess Öl un en Jötz ein Götze (Abgott), vör dem e Öllämpche brennt. Met ner Öljötz ess ävver och ne Minsch jemeint, dä stief (steif) erömsetz. „Dä soß do eröm wie en Öljötz un hät der janzen Ovend kei Woot jesaat. Dä ess wie ne Ölfleck (der ja besonders schwer zu entfernen ist), wo dä setz do setz dä (ein Mensch, der über Gebühr verweilt, den man nicht los wird). Ußerdäm süht mer däm aan, dat hä jän eine petsch (trinkt), hä hät e richtich Ölköppche (ein durch Alkohol gerötetes Gesicht). Met där Öljötz ess nix aanzefange (Mit dem langwielen Kerl kann man nichts unternehmen). Die Jöz (jemand der immer klagt) hält mer sich besser vum Hals.

Öllich

Wat versteit mer unger Öllich?

E ander Woot för Öllich ess Zwibbel (Zwiebel). „Dun öntlich Öllich/Zwibbel aan der Schlot (Salat), dann ka´mer jot blose (pupsen)." „Vun ze vill Öllich/ Zwibbel krijjen ich Buchping (Bauchschmerzen). Usserdäm muss ich beim Öllich schälle kriesche (weinen) un et weed mer janz plümerant (schlecht, schwindlig)." „Do wors allt immer e Kranköllich (ein Mensch der dauernd kränkelt). Ohne Öllich schmeck die Zaus (Soße) nit!" „Bei uns jov et sambsdachs off Öllichzupp." „Dat wor e Esse för ärm Lück." „Hück ess dat en Tilekatess (eine Delikatesse, Zwiebelsuppe aus Frankreich)." „Jeck Öllich (überspannte Person), ich jläuven deer kei Woot." „Bes stell, wa´mer wie do domm Öllich (dumme Person) kein Ahnung hät, soll mer de Mul halde!"

Ömmere

Wat versteit mer unger Ömmere?

Ömmere sin Klicker, Marmele (Murmeln). Die künne us Ton odder Jlas sin. Domet hann ich wie ich ne Panz wor (wie ich Kind war) immer jespillt. Die ha'mer dann vum Aan (Strich, von dem aus gespielt wird) en e Küülche (Vertiefung, Grübchen) jeschibbelt (gerollt). Odder mer hann domet jeköllt, nohjeschosse (den Klicker des Gegenspielers angeschlagen, getroffen). Einer dät oppasse, dat nit jefuutelt (beim Spiel betrogen) woodt. Ömmerjöncher sin klein, wieße odder bungkte Zuckerküjelcher, die mer aan Chressdaach (Weihnachten) op dem Leckerjotsteller (Süßigkeitenteller) jefungen hann. „Ömmerjöncher" heiß ävver och e Boch vum Wilhelm Koch met löstije kölsche Verzällcher.

Ömmerjööncher

Wat versteit mer unger Ömmerjööncher?
Ömmerjööncher sin klein wieße odder bunkte Zuckerküjelcher, su jroß wie Ähze (ein mit Zucker überzogenes Korianderkörnchen/Kurjänderche). Bei der Fastelovendsitzung „Ömmerjööncher för Luuschhöhncher" sin dat (söße) Verzällcher för Lück die zohöre, luusche künne. Do die Sitzung ohne Radau/ Verstärker avläuf, nennt die sich och „Die Flüstersitzung".

Ooschel

Wat versteit mer unger Ooschel?
Ooschel ess dä kölsche Name för Ursula, Ursel, Urschel, Uschi. Dat Öschelche hät am 21. Oktober Namensdaach. Dat ess der Jedenkdaach vun der hellije Ursula. Dat wor en Künningsdohchter us Britannien un soll, der Lejend noh, met ehre elfdausend(!) Fründinne he en Kölle vun dem fiese Hunnekünning Etzel avjemurks (umgebracht) woode sin. Mer hät dem Ooschel en wunderbare Kirch jebaut: Zint Ooschel (St. Ursula), met nem Kirchtoon (Kirchturm) met ner Krun drop. Die Kirch hät och e jolde Kämmerche, wo mer Knöchelcher (Reliquien) kunsvoll zesammejeknuf (kunstgerecht zusammengefügt) hät. En unsem Wappe sin elf Flämmcher, die aan die Lejend erinnere.

opkladunjele

Wat versteit mer unger opkladunjele?
„Häss do die ahl Frau Schmitz jesinn? Die hatt sich vielleich ens widder opkladunjelt (aufgetakelt)! Su wie die opkladunjelt ess, kann die klei Pänz bang maache (so wie die immer aufgedonnert ist, erschreckt die kleine Kinder)." „Dat Opkladunjele hilf och nix mih (das Herausputzen hilft auch nichts mehr), bei där ess der Lack av." „Wat, allt widder e neu Kleid? Do künnts der doch dat ahle e bessje opkladunjele (neu aufmachen), dann hätts de doch widder jet Öntliches am Liev (dann hättest du doch wieder etwas Schönes anzuziehen).

opmaache

Wat versteit mer unger opmaache?

„Do määt mer en Kölle kei Finster för op!", säht mer, wann einer jet nit intresseet (wenn eine Sache unwichtig ist). Mer kann sich ävver och opmaache, sich op de Bein maache (weggehen, auf den Weg machen) odder ävver versöke, der Knöddel (Knoten) opzemaache (zu entwirren). Mer määt de Hoor op (löst die geflochtenen oder zusammengebundenen Haare) odder e Bild (restauriert ein Bild, stellt es wieder her, bessert es aus). Och ka´mer e Jeschenk schön opmaache (schön einpacken). Mer soll de Mul opmaache, wann einem jet nit pass. Ävver nit ze wick (nicht zu weit, z.B. bei unwichtigem Getue, Angebereien) un keine lange Käu (langes, dummes Geschwätz) halde.

Ottekolong

Wat versteit mer unger Ottekolong?

Dat Woot Ottekolong kütt us dem Französische vun eau de Cologne: Kölnisches Wasser. Su nennt mer dat Duffwässerche, wat em Johr 1709 vun dem Italiener Johann Maria Farina en der hück ältste Kölnisch-Wasser-Fabrik vun der janze Welt zesammjemengk wooden ess. „Johann Maria Farina gegenüber dem Jülichplatz", su heiß die Firma. Nor ech met dem Zeiche „Farina rote Marke, Köln, Obermarspforten 21". Em Johr 2003 ess do e Museium opjemaat woode. Do liert mer, wie mer dat Duffwässerche herrstellt. Dat Rezepp ess ävver e jroß Jeheimnis. Dä Johann Maria Farina steit en Stein jehaue op dem Rothustoon (Rathausturm), wo im de Stadt e Denkmol jesatz hät.

Ovve

Wat versteit mer unger nem Ovve?

Ne Ovve ist ein Ofen. Dä ka´mer met Holz, Kolle odder Klütte stoche. „Maach ens der Ovve aan, mer ess et fies kalt (ich friere stark)! Et ess esu kalt, ich künnt en der Ovve erenkruffe (hineinkriechen)." „Dat kleine Övvje brennt wie verröck, ävver et weed un weed nit wärm (Das kleine Öfchen heizt nicht, reicht nicht aus)." „Ich halden nix vun Övve. Ens ess de Ovvenspief (Ofenrohr) verstopp odder et qualmp (raucht) wie jeck." Mer säht ävver och för ne Zilinder (Zylinder) Ovvenspief. „Wann minge Ohm Jupp (Onkel Josef) die Ovvenspief om Kopp hatt, stolzeeten dä eröm wie einer, der ne Knöppel verschleck (Stock verschluckt) hät."

Paaf

Wat versteit mer unger nem Paaf?

Met nem Paaf (Pfaffe) meint mer ne „Kleriker". Dat Woot ess zo nem Schängereiwoot (Schimpfwort) verkumme un weed hück nit mih vill jebruch. Av un aan hö't mer noch fies Spröchelcher wie: „Et Bess (Beste) en der Medde", saht der Düvel. Do jing hä zwesche zwei Paafe. Odder: „Joddes Bamhätzichkeit (Barmherzigkeit) un Paafe Bejeerlichkeit (Begehrlichkeit) doren en alle Iwichkeit." En Kölle jov et ävver och de Paafepooz (das Pfaffentor). Dat wor de Nordpooz (das Nordtor) vun der römische Stadtmoor. Der Lejend noh sin do die zwei Paafe, die dä ärme Bürjermeister Gryn nem Löw för ze fresse vörwerfe wollte, opjehange woode. E Deil vun der Nordpooz steit noch vör dem Dom.

paaschte

Wat versteit mer unger paaschte?

Av un aan jebruch mer noch ens dat Woot paaschte. För e Beispill, wa´mer e Schnäppche (einen billigen Einkauf) maache well. Dann muss mer flöck zopaaschte/zoschnappe (zugreifen/zuschnappen), domet einem der Schnapp (das günstige Teil) nit durch de Lappe jeit (nicht verloren geht). Mer kann ävver och en der Bahn jepaasch (im Gedränge gedrückt) wäde un muss sich zwesche de Lück durchpaaschte (quetschen/durchdrängeln). Et Letz hann ich mer ming Fingere jepaasch (geklemmt). Do hann ich die Engelcher fleute jehoot (Das hat so weh getan, dass ich die Engelchen flöten gehört habe).

Beldlich jesaat! E Wohrwoot säht: „Wä sich de Nas well paaschte loße, dä muss se zwesche de Dör (Türe) steche."

Pack

Wat versteit mer unger nem Pack?

Ne Pack kann ne Püngel sin. „Ich hann jestere ne Pack (einen Packen, ein Bündel) Kleier en de Altkleidertonn jeschmesse. Dat wor ne Püngel (eine Menge) Arbeit, dä Pack (das Bündel) de Trapp erav un fottzepüngele." „Ess dat di janz Päckelche, wat de ze dragen häss (Sind das die einzigen Sorgen die du hast)?" „Nä, mihtstens öchele (ärgere) ich mich üvver dat Pack (Gesindel), wat der Kleiderpack/-püngel immer nevven die Tonn schmieß un üvver dat Spetzbovepack (Spitzbubengesindel), wat de beste Stöcke us der Tonn erusskläut (herausklaut) un verklopp (verkauft). Wann ich dat Rattepack ze packe krijje jitt et Aska met Schohnsnähl (gibt es Prügel)."

Päd

Wat versteit mer unger nem Päd?

„Wat maache mer met däm Päd?/ Wat maache mer met däm Päd?/ Soorbrode (Sauerbraten), Soorbrode,/ noh Husareaat (nach Husarenart)!" Dat ess e ahl kölsch Leedche. Un e Päd ist ein Pferd. Ärm Päd! Et jitt Rick- un Karepäder (Reit- und Zugpferde). En nem andere kölsche Leedche („Der Caroussell-chesmann" vum Joseph Roesberg) heiß et: „Jedes Pädche kritt ne Jung: Füssje, Schimmel, Bläß of Brung (ein Rotschimmel (Fuchs), Schimmel, ein Pferd mit einem weißen Fleck (Blesse) an der Stirn oder ein Brauner)." E Päd kann ävver och en ahl Hipp (ein altes abgemagertes Pferd), en Schindmähr, ne Krebbenbesser (was an der Krippe beißt) sin. E Arbeitspäd ess e fließich Päd. Su nennt mer ävver och ne fließije Minsch.

Päl

Wat versteit mer unger ner Päl?

En Päl ist eine Perle. Die kann us Selver, Jold, Jlas, Posteling (Porzellan) odder us wat söns noch all' sin. En echte Päl kütt us e ner Pälmoschel (Perlmuschel). Ming Jroß (meine Oma) hatt noch en echte Pälekett (eine echte Perlenkette). Hück sin Pälekettcher mihtstens nit mih dat wat se schinge (was sie zu sein scheinen). Et Marieche (Maria) hät Zängcher (Zähnchen) wie Pälcher. Däm sing Pälekett ess fassjewaaße. Ußerdäm ess dat uns Päl. Et beste Stöck em Hus (früher ein Dienstmädchen). En Kölle kütt mer durch et Pälejässje (durch die Perlengasse) op der Pälepohl (auf den Perlenpfuhl). Et jitt och noch en Stroß, die Pälejrave (Perlengraben) heiß. Do jöcken hück ävver bloß de Autos drüvver.

Pänz

Wat versteit mer unger Pänz?

„Pänz, Pänz,/ wo mer jeit un steit nor Pänz, Pänz, Pänz, Pänz./ Maat üch fott, he hadder nix verlore./ Ehr verdammte Pänz./ Dreckelije Pänz…" Dat ess ei vun de ehschte Bläck Fööss-Leeder. Wie ich dat Leed et ehschte Mol jehoot hann, woren ming eije Pänz noch klein (meine eigenen Kinder noch klein). Panz ess ävver, jenau wie Balch, kei schö Woot för e Kind. Do hö't sich doch Ströppche, Püütche, Titti, Pannestätzje, Quösje vill leever aan. Einer hät sich ens die Möh jemaat, un hät Usdröck för Pänzjer zesammejesook. Bei dem Hundertelfte hä'e opjehoot. He nor e paar dovun: Nackeditzje, Pannestätzje, Knaggendötzje, Puselche, Stinkadores, Wiselche, Leckerche, Schnüggelche, Dötzje, Bünselche, Babaditzje, Köttela…

Päppche

Wat versteit mer unger Päppche?

Et Pitterche hät noch kein Zängcher (Zähnchen). Dem muss mer immer e

Jreeßmählpäppche (Grießbrei) koche. Ens wor'e krank (Einmal war er krank). Donoh moote mer dä widder oppäppele. Der Ühm (älterer Verwandter, Oheim) kritt och nor Päppche för ze müffele (essen), dä hät och kein Zäng mih. Meer köm der iwije Pappfraß bal am Hals eruss (Ich hätte das ewige Breiessen schnell über). Wat bliev einem dann üvverich, wa'mer nor noch lötsche (lutschen) kann? Wann ich do draan denke, ben ich all pappsatt. De Mamm back och lecker Brut un Koche. Et letz wor der Koche ävver ärch pappich (nicht durchgebacken). Dä hät mer de Mul (Mund) zojepapp.

pangkseneet

Wat versteit mer unger pangkseneet?

Der Jupp un der Hein, zwei Fründe, treffen sich. „En zwei Johr wäden ich pangkseneet (In zwei Jahren werde ich pensioniert). Ich jonn dann en Pangksiun (in Pension, in den Ruhestand)", säht der Hein. Fröhch der Jupp: „Un dann? Wat määs de, wann de pangkseneet bes?" „Nix, ich krijjen doch ming Pangksiun (Ruhegeld)." „Ess dat dann jenohch? Vun der Pangksiun allein ka'mer doch nit levve." „Ich kumme zerääch, ich ben bei minger Schwester en Pangksiun (Kost und Logis)." „Wat jiss de där dann för de Pangksiun (für die Verpflegung)?" „ Nix, et ess doch mi Schwester!" „Do häss et jot! Dann leet ich mich och pangksioneere, -iere."

Pann

Wat versteit mer unger ner Pann?

„Dä hät nen Hau met der Pann fott", säht mer för einer, der se nit all op de Dröht hät. („Der hat einen Schlag mit der Pfanne bekommen", sagt man zu jemandem, der nicht recht gescheit ist.) Dat ess ävver nit fing jesaat! Alsu, en Pann ist eine Pfanne. Do ka'mer dann Karmenat (Kotelett) dren brode odder e paar Eier dren schlonn. Litt der jet op dem Hätze odder do häss e Fützje (Blähung) quer stonn, wat eruss well, dann häss de jet op der Pann. Met Panne (Dachpfannen, -ziegeln) ka'mer ävver och e Daach decke, odder mer hät en Pann am Wage. Mer kann ävver och e Pännche (Schmollmünd-chen) trecke. E Rötsel (Rätsel) fröhch: „Et hängk aan der Wand, ess schwatz un hät de Fott verbrannt. Wat ess dat?"

Pannestätzje

Wat versteit mer unger nem Pannestätzje?

En Pann ist eine Pfanne un ne Stätz ist ein Schwanz. Der Pannestätz ess also der Pfannensterz (Griff, Haltevorrichtungen an Geräten). Mer kann einem ävver och op der Stätz tredde (jemanden beleidigen). „Kütt mer üvver der Hungk, kütt mer üvver der Stätz", säht mer, wann et knapp met de Nüsele (Geld) weed, mer ävver doch latz (bezahlt). E Stätzje kann ävver och der Ress en nem Bier- odder Wingjlas sin. „Dä hät de Stätzjer (och Stötzjer) us de Jläser jesoffe (getrunken)." Pannestätzje ess och ne Kosename för e klei lecker Weckelditzje (Wickelkind, Säugling). En nem Leedche us dem Johr 1859 heiß et: „Alle kleine Pannestätzjer – Zucker, Milch un Kocheplätzjer."

Pantaljun

Wä kennt nit Zint Pantaljun?

Keiner! Denn all kenne mer die romanische Kirch St. Pantaleon. Die steit, jenau wie der Dom un Zi Märje (St. Marien, Maria im Kapitol), op nem Hüvvel (Hügel), om Pantaljunshüvvel. (Kölle ess, jenau wie Rom, op sibbe Hüvvele jebaut. Dat merk mer ävver bloß beim Radfahre.) Dä Ääzbischoff Bruno hät em Johr 964 do e Kapellche hinjesatz. De Kaiserin Theophanu hät us dem Kapellche en Kirch jemaat. Em letzte Dresskreech janz fies zesamme-jebomb, ess se widder neu opjebaut woode. Ehre Name hät die Kirch vum Hl. Pantaleon, dä wäjen singem Jlaube fies maltreteet (gefoltert) un dann jeköpp (enthauptet) wooden ess. Der Hl. Pantaljun jehö't bei de veezehn Nuthelfer un ess Patrun vun de Döcktersch un Hevvamme (Hebammen).

Pantuffele

Wat versteit mer unger Pantuffele?

Pantuffele trick mer ze Huss aan. Die künne us Ledder, Sammet, Felz, Plüsch odder wat söns noch all' sin. „Kom unse Papp des Ovends möd noh Huss, braht de Mamm im de Pantuffele." Mer kann ävver och ungerm Pantuffel stonn. Dann ess mer ne Pantuffelsheld. Domet meint mer einer, dä ze Huss nix ze sage hät. Sin Pantuffele hinger offe, sin dat Schluffe. För ne jotmödije, ävver eifache Minsch säht mer och: „Dat ess ne jode Schluffe." Ne Minsch, dä alles met sich maache liet (ein Mensch der immer gehorcht – vor allen Dingen seiner Ehefrau) ess ene Schluffe (ne Pantuffelsheld). För e jlöcklich Päärche säht mer: „Die passe zesamme wie zwei ahl Schluffe (Latsche)."

pappe

Wat versteit mer unger pappe?

„Mer lappe, mer pappe, schlonn kräftich op der Penn…" heiß et en dem Leedche vum Josef Schneider us dem Johr 1885 üvver de Kölsche Schusterjunge. Lappe meint, jet flecke, he unger de Schohn, neu Solle (Schuhsohlen) pappe/klevve (kleben). Die woren nit us Pappendeckel (Karton), die woren us Ledder (Leder) odder Jummi (Gummi). Mer moot oppasse, dat dä Papp (Klebstoff) halden dät. Moot de Stuff (Stube, Wohnzimmer) en neu Tapeet hann, hät der Papp (Vater, Papa) die aan de Wand jepapp. Eimol ess im der Pappemmer ömjefalle, un dä janze Papp (Kleister) hatte mer op der Äd. Dat wor der villeich en Biesterei

Parreplü

Wat versteit mer unger nem Parreplü?

Dat Woot Parreplü/Paraplü küt us dem Französische vun parapluie. Et ess alsu ne Ränschirm. Dat ess ei vun dä ville Wööt, die en uns kölsche Sproch üvverjejangen sin, wie de Franzuse en de Johre 1794–1814 he en Kölle et

Rejalt (zu sagen, Regierung) hatte. „Nemm et Parreplüche met, et süht fies noh Rän us. Un wann dann doch et Sönnche schingk, kanns de der Paraplü wie ne Parresoll (Sonnenschirm) jebruche." En dem Leedche „Et Stina muss ene Mann hann" vum Willi Ostermann heiß et en der zweite Stroph: „Der Vatter met der Selvkantbotz (Webkantenhose), am Ärm et Paraplü. Un de Frau Denz mem Üvverwurf un seidene Fischü (großes, dreieckiges auf der Brust gekreuztes Übertuch)."

Pattühm

Wat versteit mer unger nem Pattühm?

„Met dem Pattühm muss de dich jot halde, dä hät allerhands zo vererve!" Patt ess Pate un ne Ühm ein Oheim, Onkel. He ess et ne Ühm, dä och noch Patt ess. Ühm ess ävver och nit fing jesaat, schöner klingk Ohm. „Der Ohm Hein kütt uns morje besöke. Dä ess Patt üvver dat Pitterche; et Pitterche ess däm si Pättche (Patenkind)!" „Ah su, dat säht et all'! Et schleit janz noh singem Pattühm (gleicht seinem Patenonkel sehr). Mer muss fies oppasse, dat'e nit wie singe Patt weed." „Dat kanns de nit sage! Kniestich (geizig) wor der Hein nie. Et Pitterche hät allt allerhands vun dem kräje. Ich hatt en Pattemöhn (eine Patin, ist aber nicht mehr gebräuchlich), vun där kunns de nix erve."

Paveier

Wat versteit mer unger Paveier?

Wa'mer en Kölle dat Woot Paveier hö't, denk mer an die Kölsche Musick-Jrupp „Paveier". Em Johr 2013 hann die ehr 30-jöhrich Jubiläum jefeet. Dä langjöhrije „Frontman" vun de Paveier, der Micky Brühl, wor do allt nit mih met dobei. Ävver wat meint mer met dem Woot Paveier? Dat Woot kütt us dem Französische vun paveur: Steinsetzer, Straßenpflasterer. En nem ahle kölsche Leedche vum Johannes Theodor Kuhlemann heiß et: „Stramm jewahße,/ Käls wie Ooße (Ochsen)/ trecke mer Paveier op./ Üvverall en kölsche Stroße/ klingk der Hammer,/ bums de Popp." Wie die op der Name „Paveier" för en Musick-Jrupp jekumme sin, weiß ich och nit. Villeich weil se vill ze „beaten" (kloppe, schlagen) hann?

Peffer

Wat versteit mer unger Peffer?

„Ich wollt, do wörs do, wo der Peffer wääß (Ich wünschte, du wärst da, wo der Pfeffer wächst)." Et jitt schwatze, wieße, jestosse, en der Peffermüll jemahle un janze Pefferköner. „Bei uns derheim jov et allt ens Hasepeffer (Hasenragout). Dä wo immer ärch jepeffert, dä kunnt kei Minsch jeneeße." „Dä Pries (Preis) för ne Hasebrode ess och jepeffert (sehr hoch). Do kriss ne Peffermünzschlaach, wann de hö's, wat die Peffersäck (Schimpfname für reiche Gewürzhändler) för der Peffer hann wolle." „Dat läuf mer durch wie ne Musköttel (ein kleines Mäusekotbröckchen) unger dem Peffer (das ist mir egal)." „Do alsu litt der Has em Peffer (jetzt weiß ich es genau)."

Pell

Wat versteit mer unger ner Pell?

En Pell kann die Pell vun ner Woosch, vun enem Ei, vun Ädäppele odder wä weiß wat söns noch all' sin. Die andere Pell jitt et beim Pelledriher (Pillendreher, scherzhaft für Apotheker). Die ein Pell kanns de avpelle (abschälen), die andere Pell muss de schlecke (schlucken). Wie us dem Ei jepellt (fein herausgeputzt) jeis de beim Pellendriher ding Pelle holle. Wann dat ne Pellendresser (derp ausgedrückt: Pillenscheißer, Kleinlichkeitskrämer) ess, kann dä einem ärch op de Pell jonn (einen sehr nerven). Pänz können einem fies op der Pell lijje (wenn diese viel Geld kosten). Dann muss mer die bettere Pell schlecke. Mer kann ävver fruh sin, wa'mer noch Pelle schlecke kann. Wann de dut ess, bruchs de kei Pelle mih.

Pennbröder

Wat sin Pennbröder?

„Wa'mer en de Stadt (in die Innenstadt, City) kütt, süht mer immer mih Pennbröder (derb ausgedrückt für Obdachlose) en de Hötte (in den Ecken) setze. Die penne der janzen Daach odder setzen do un kötte (betteln)." „Dat sin ärm Söck (bedauernswerte Leute). Mihtstens sin dat jot Schluffe (gutmütige Menschen). Mer weiß nie, wie dat Pennbröder wäde kunnte." „Jo, mer kann doch nit der Daach verpenne, die künnten jenau esu jot och arbeide jonn." „Meer dunn die Penner leid." „Et jitt och Penne (einfache Unterkünfte), wo die penne künnte. Mer säht ävver, dat die et leevs op der Stroß penne." „Dat kann ich nit jläuve!"

Penning

Wat versteit mer unger nem Penning?

Et jitt Lück, die sin esu ärm (arm), dat die jede Penning (Pfennig) dreimol erömdrihe mösse, bevör die dä usjevve. Mänch einer hät ävver jenohch dovun. Jrad die sin hinger de Penninge herr (sind hinter dem Geld her) wie der Deuvel (Teufel) hinger der ärm Siel un setzen dann op ehrem Jeldsack (sind zu geizig etwas auszugeben). Su en Lück schängk (schimpft) mer och Penningsknüver (Knauser). E ahl dütsch Wohrwoot säht (Ein altes deutsches Sprichwort sagt): Zo nem jode Huushalt (Haushalt) jehöre veer Penninge: Ne Zehrpenning (Verbrauchpfennig, Spargeld), ne Nährpenning (Nährpfennig zur Lebenserhaltung), ne Nutpenning (Notpfennig, auch Notgroschen für schlechte Zeiten) un ne Wehrpenning (Wehrpfennig, um sich zu verteidigen). Mänch einer säht ävver och: „Leever de letzte Penninge versuffe wie noch ens spare."

petsche

Wat versteit mer unger petsche?

„Petsch (zwick, kneif) mich ens, ich kann et nit jläuve, dat ich jetz verhaftich en New York ben." Dat säht mer, wa'mer jet erlääv, wat mer sich allt lang jewünsch hät, et ävver nit jläuv, dat et wohr jewooden ess. Och neu Schohn künne petsche, nämlich dann, wann se ze eng sin. Dann häss de kein ander Sorje mih. Mer kann och eine petsche jonn, wa'mer Ammelung (Appetit) op e lecker Bierche un/odder e Schäpsje hät. Dann hät mer ävver flöck einer üvver der Doosch (Durst) jepetsch (jepichelt, getrunken). Nit immer petsch dann derheim et Fräuche e Auch zo un weed dann en Petschzang (Kneifzange, Schimpfwort). Mingen Ohm Jupp hatt noch en Petschbrell op der Nas (Nasenklemmer, Kneifer). Die petsch hück ävver keiner mih.

piddele

Wat versteit mer unger piddele?

De Tant Nett ess der janzen Daach am strecke (stricken). Dat wör meer ze piddelich. För su en Piddelsarbeit muss mer jeboore sin. Woodt e Deil nit mih jebruch, dät de Tant et widder oppiddele (opriffele, aufriffeln) un neu strecke. Die hät die Piddelei jar nit nüdich. Ävver wann die nix för ze piddele hät, fählt der jet. Jitt et jet erus- odder avzepiddele (etwas mit den Fingespitzen ab- odder auskratzen), för e Beispill Bunne odder Ääze (Bohnen odder Erbsen), kanns de de Tant Nett och doför jebruche. Ess jet ärch zesammejepiddelt/zesammejefriemelt (zusammengebastelt), ne Knöddel (Knoten) odder ne Schlopp (eine Schleife), de Tant piddelt et widder usenein. Mer hann immer „uns Piddelstant" för se jesaat.

Pief

Wat versteit mer uner ner Pief?
En Pief ist eine Pfeife. Dat kann en Ovvepief (Ofenpfeife) sin: „Kutt erop,/ Kutt erop./ Bei Palms do ess de Pief verstopp…" (Lied von Willi Ostermann), odder en Pief, met där mer Musick maache kann. En Urjel för e Beispill hät Piefe, kleine un jroße, die dunn de Tön (Töne, Klang) erusblose. Et kann ävver och en Tubackspief (Tabakspfeife) sin. För en äde (irdene) Pief säht mer och Motz, Mutz, Notz, odder Nötz. Et jitt lange un koote Piefe. Piefe us Holz odder Posteling (Porzellan). Anno Piefendeckel (vor langer Zeit) hät mer mih Piefe jestopp (mehr Pfeifen geraucht) wie hück. Säht mer ävver: „Dat ess der villeich en Pief!", odder „ne Piefekopp!", meint mer domet einer, dä e bessje komisch (witzig, lächerlich) ess.

pielop

Wat versteit mer unger pielop?
Ne Piel ist ein Pfeil, un dä ka´mer pielop (steil nach oben) en de Hüh schee-ße. E Funke-Marieche (Tanz-Marie in einem Funkenkorps) schmeiß beim Mariechedanz och de Beincher pielop en de Hüh. Fröher ha´mer met nem Pielboge (Pfeilbogen) jeschosse. Hück säht mer zo Kölle och Flitschboge doför. Ess mer op jet besonders neujeerich (neugierig), dann ess mer jespannt wie ne Flitschbogen. En Kölle jitt et och en Pielstroß (Pfeilstraße). Die ess noh der kölsche Patrizierfamillich Pfeil benannt. Durch de Pielstroß kütt mer vun der Hahnestroß op de Ihrestroß (Ehrenstraße). Et jitt och noch en Pielhau. Domet ka´mer ne Pol (Pfahl) en de Äd piele (rammen).

Pilarebützer

Wat ess ene Pilarebützer?
Ich ben jefrohch woode, wat mer unger nem Pilarebützer versteit. Alsu, en Pilar/ne Piler ist ein Pfeiler, op Kölsch och en Sül (eine Säule), un ne Pila-

rebützer ess ne Minsch, dä esu fromm ess odder deit, dat dä en der Kirch die Sül odder der Hellije, dä op der Sül setz odder aan der Sül steit, bütz (küsst); einer dä et met der Frömmichkeit üvverdriev. Die Hellijefijure aan ner Sül nennt mer och Pilarehellije. Mänch einer weed dann och zom Pilarehellije. Dat sin Schängereiwööder und die höre sich nit fing aan. Die kölsche Sproch ess en deftich, kräftije Sproch, die nit pingelich ess (empfindsam mit Äußerungen und Anspielungen umgeht).

Pittermännche

Wat ess e Pittermännche?

„Pittermännche, immer köhl om Lager", ka´mer off lese. E Pittermännche ess e Zehn-Liter-Fäääßje Kölsch. Wie mer op dä Name jekumme ess, weiß keiner jenau. Die eine sage, et köm vum Petrus (Pitter) vun Mailand, dem Schotzpatrun vun de Brauermeister. Die andere sage, et köm vum kölsche Brauer Peter Josef Früh, dä die klein Fääßer Kölsch Pittermännche jenannt hädden. Et jitt och dat Verzällche vun nem Kölsch-Brauer, dä Pitter heeß un esu klein wor, dat hä sich op e Fässje stelle moot, för si Leevje ze bütze. Der decke Pitter (dicker Peter) ess dojäje die jroße Klock em Südtoon (Südturm) vum Dom.

Plaatekopp

Wat versteit mer unger nem Plaatekopp?

En Kölle säht mer: „Besser en Plaat wie jar kein Hoor (Besser eine Glatze als überhaupt keine Haare)." Hät mer en Plaat, dann weed mer zor Plaat. „Ich hann die Plaat lang nit mih jesinn! Lääv die üvverhaup noch?" För Plaat sage manche ävver och Pläät. „Die Plaat hatt keine Hot aan. Do hät die sich de Pläät verbrannt." Och nit fing jesaat ess, wann einer kein Hoor hät und dann zom Plaatekopp weed. „Wann dä Plaatekopp de Pläät durch de Dür stich, jeit bei uns der Mond op." Dräht einer, dä en Plaat hät, e Toupet, dann hät dä e Pläätverdeck om Kopp; dräht e Mötz, ess dat ne Plaatewärmer. Plaate

(Platten) jitt et ävver och us Holz, Stein, Ieser, Marmor odder wat söns noch all, die mer irjends droppläje kann.

Plaggen

Wat versteit mer unger nem Plagge(n)?

En Kölle säht mer immer dann wa´mer sich janz fies wundert (betroffen ist): „Do ess mer der Plaggen enjeschlage!" Wa´mer versök, dat op Hühdütsch ze verklöre mööt mer sage: „Da ist mir der Lappen eingeschlagen!" Wat dann för ene Plagge? Ne Spölsplagge (Spültuch) odder ne naaße Putzplagge/ Opnemmer (Aufnehmer)? Nä, dat säht mer eifach nor esu. Mer kann ävver och ne ahle Plagge (ein viel getragenes Kleidungsstück) am Liev (Leib, Körper) drage, odder hält der Plagge (eine (alte) Vereinsfahne) huh, för e Beispill de Rut Funke em Fastelovendszoch. „Maat endlich dä Plagge (Vorhang) op. Mer welle, dat dat Spill aanfängk", rofen de Besöker em kölsche Hännesche-Thiater.

plätsche

Wat versteit mer unger plätsche?

„Et leevs deit dä Klein der janzen Daach em Wasser platsche/plätsche." „Et platsch jo och esu schön, wa'mer immer dropplatsch." „Dat määt dä esu lang, bess'e platschnaaß/klätschnaaß (völlig durchnässt) ess!" „Et ess jo och et schöns (am schönsten), met de Platschhängkcher su richtich em Wasser erömzeplatsche." „Och wann et vum Himmel huh jeplatsch hät, alsu noh nem Platschrän, läuf dä kleine Dreckfisel (abgemildertes Schimpfwort) platsch, platsch durch de Sot (Gosse, Rinne). Eimol ess'e platschtich do eren jefalle. Dat hät richtich laut jeplatsch (auch: jeklatsch). Ich hädden klatsche künne (scherzhaft: Ich hätt ihm einen Schlag, Hieb versetzen können)."

Platzjabeck

Wä kennt nit dä Platzjabbeck?

Der Platzjabbeck fingk mer nor, wa'mer jenau weiß, wo dä hängk; näm-
lich unger der Ohr (Uhr) om Rothuustoon. Dat ess ene Holzkopp met nem
schwatze Hot un nem lange schwatze Baat. Bei jeder volle Stund streck dä
de Zung eruss, dä rieß der Jabbeck op. Platz kütt vun Platz, dat ess klor, un
Jabbeck kütt vun jappe un beck (Mund, Schnabel, Jappmaul). E Wohrwoot
säht: „Üvverall ne Jabbeck steiht, wa'mer jet nit richtich määt." Met ander
Wööt: Et ess einer, dä jenau oppass. „Ich ben esu jerannt, dat ich aan et Jappe
jekumme ben." Et jitt Lück, die fressen (essen) esu vill, bes se nit mih jappe
künne. Mänche sagen och, dat met jappe schnappe jemeint ess, un die Fijur
vun ner Lejend öm Karl der Jroße stammen dät.

Ploch

Wat versteit mer unger nem Ploch?

Dat ess e Woot, wat zweierlei bedügge kann. Eimol ess et die Plage (mühe-
volle Arbeit). De Frau Schmitz muss sich ärch ploge (plagen), ehr Pänz jroß
ze krijje. Die muss sich ploge (beeilen), wann se et all' schaffen well. Vun
morjends bes ovends ess die jeploch (gehetzt). Ärm Frau Schmitz! Mer kann
nor hoffe, dat dat janze Jeplochs nit för ömesöns wor. Kei Wundet, dat die die
iwije Plogerei (Plackerei) satt ess. Dann ess met Ploch auch ein Plug jemeint.
Dä kann us Holz odder Ieser (Eisen) sin. Et ess en jroße Ploch (Plage) hinger
nem Ploch (Pflug) ze jonn. Hät mer der janzen Daach jeplöch, ess mer ovends
janz kapott. E Worwoot säht: „Mer muss nit mih verzerre (verzehren) wie
dä Ploch kann nähre (nähren)."

Plöck

Wat versteit mer unger Plöck?

„Jo, der ehschte Plöck ess prima,/ un der zweite Plöck ess jot./ Nor der drette Plöck verdräht kei Klima./ Dä stich mer sich am beste aan der Hot…" Dat ess us nem Leedche vum Karl Berbuer. Plöcke meint eijentlich pflücken, ernten. „De Prumme sin rief, mer jonn en der Jade Prumme plöcke. Et ess der zweite Plöck, us dem ehschte ha'mer allt Schabau jemaat." Berbuer meint he ävver met dem ehschte Plöck jung Weechter (junge Mädchen) su bes dressich Johre. Der zweite Plöck sin dann all die Fraulückcher met bes fünefunfuffzich Johre, un der drette Plöck, no jo, dat sin dann all die jet üvverriefe Mädcher, die dann, wie die Prumme och, nit mih su saftich sin. Ävver söß sin üvverriefe Prumme och!

Pluute

Wat versteit mer unger Pluute?

Ich hann ne janze Sack ahl Pluute (Kleider) en de Pluutesammlung jejovve. Do woren Pluute bei, die ich allt zick Johre nit mih aanjedonn hann. Fröher kom ne Pluutemann, dä die ahl Plütcher enjesammelt hät. En nem Rümche vum Schneider-Claus heiß et: „…Dohinger kütt der Pluutemann./ Saach Mutter kann ich Pluute hann?/ Jet Pluute för der Pluutemann." Hück wirf mer die ahl Pluute och en der Pluutecontainer. En nem andere Rümche heiß et: „Jet schö Pluute öm et Liev,/ e bessje Färv em Jeseech,/ de Leppe jet knallich un de Näl ärch blodich/ un de schön Frau ess fädich." (Wrede). Bei uns jov et noch Sonndaachspluute un Pluute för de Woch.

Poosch

Wat versteit mer unger nem Poosch?

En dem Leedche vum Jan un Jriet heiß et: „ Dat Jriet, dat wor en fesche Mäd (ein fesches Mädchen),/ jrad wie vun Milch un Blot./ Dä Jan, dat wor ne starke

Poosch (ein starker Bursche),/ dem Jriet vun Hätze jot." Ka' mer verstonn, dat dat Jriet su e staats Pöschje, wie der Jan et wor, nit hann wollt, nor weil dä ne Boorepoosch (Booreknäch) wor? Vör luuter Woot esse met noch ander Pooschte en der Kreech jetrocke un hät wie jeck öm sich jeschlage. Su ess us dem eifache Boorepöschje der stolze Jan vun Wäth jewoode. Säht mer ävver: „Dat ess ene Poosch, wie e Pund Woosch (ein Pfund Wurst)", dann meint mer ne Nixnotz (ein Taugenichts) domet."

Pooz

Wat versteit mer unger ner Pooz?

„Kanns de mer nit ens de Pooz ophalde? Do sühs doch dat ich wie ne Esel belade ben (Kannst Du mir nicht einmal die Türe aufhalten? Du siehst doch, dass ich wie ein Esel beladen bin)!" „Muss de dann immer met der Pooz en et Huus falle (Das kann man auch netter sagen)?!" „Maach de Pooz zo, et trick (Halt deinen vorlauten Mund)!" Wa'mer ävver säht: „Mer muss doför sorje, dat mer immer de Pooz ophält", meint mer domet, dat mer oppasse muss, dat mer immer op et Höffje (auf die Toilette) jonn kann. „Drei jroße ahle Pooze/ stonn noch en Kölle am Rhing:/ de Eijelstein-, de Hahnepooz un die vun Zinter Vring (von St. Severin, das Severinstor)." (Ludwig Sebus). Et jitt och Lück, die, wa'mer die aan der Pooz erusschmeß, aan der Hingerdör widder eren kumme.

Poppe

Wat versteit mer unger Poppe?

„Wann all' de Pöppcher danze./ Zom Tri, zom Tru, zom Trallalla .." (Lied: Albert Schneider). He sin dat de Stockpoppe (Stockpuppen) vum Hännesche-Poppethiater. Wa' mer ävver säht: „Bei denne woren de Poppe am danze!", dann meint mer domet: bei denne wor Zoff (Streit) en der Bud. Et jitt ävver och Lappepoppe (handgemachte Puppen aus Stoffresten). Poppeköpp (Puppenköpfe) künne us Holz odder Posteling sin. Mer kennt och

Strühpoppe, vör e Beispill der Nubbel odder der Zacheies, die am Engk vun der Fastelovendszick odder op Kirmesse verbrannt wäde. Poppe heiß ävver och noch jet anders; ävver dat darf ich he nit schrieve.

Poschte

Wat versteit mer unger Poschte?

Poschte un Pooschte sin nit ze verwäßele. Pooschte, dat sin jung Kälcher un met Poschte (aus dem hebr. pesah, Passah) meint mer jet janz anderes, nämlich Ostern. Fröher dät mer sich op Poschte „e jlöcksillich Poschfess" wünsche un et woodt dann et Poschbess (das beste Kleid oder der beste Anzug) aanjetrocke (angezogen). Et woodt sich poschstaats jemaat. De Mamm, de Jroß un och de Pänz krähten (bekamen) e neu Kleid. (Dat ess he un do och hück noch esu.) Ävver der Name Poschte för Ostere weed nor noch janz selde jebruch. Fröher dät mer för der Monat Aprel Oster- odder Poschmond sage.

prakeseere

Wat versteit mer unger prakeseere?

Unger prakeseere odder praktizeere meint mer jet fädichknuve (fertigstellen) odder jet dunn (eine Tätigkeit ausüben). „Der Pitter kütt op si Vatter. Dä simeleet (simuliert) un prakeseet sich allerhands (allerhand) zesamme. Wann dä sich jet en der Kopp jesatz hät, prakeseet dä esu lang eröm, bes et flupp." „Jo, dä well wie si Vatter och, wie ne Dockter praktizeere!" „Do muss der Pitter ävver ärch prakeseere (sich sehr anstrengen), wann dä dat schaffe well. Do praktizeet dä allt lang draan." „Do kanns nix en eine erenprakeseere, wat nit erenpass." „Wade mer et ens av, wie dä dat praktizeet? Off dä dat schaff, weiß der leeve Himmel!"

Pritsch

Wat ess en Pritsch?

En nem Fastelovendsleedche vum Edmund Franz Karl Stoll (1805-1843) heiß et: „Schön ess doch de Belle-Zick (Fastlovendszick),/ wann Hanswoosch noh Kölle trick./ Mallich (jeder) met der Pritsche (Pritsche, leichtes Schlaggerät der Narren aus Holz oder Pappe) schleit./ Ävver doch nit nitschen deit (bösartig ist).“ Fröher hatt bal jeder Jeck em Fasteleer en Pritsch un off kräät mer eine domet jepritsch (Schlag mit der Pritsche). Dat hät nit wih jedonn, ävver et dät schön laut knalle. Hück kritt der Prinz Karneval bei singer Inthruniseerung (Prinzenproklamation) en Pritsch (als Machtsymbol) met singem Name drop; dä dann „mit der Pritsche bunt und leicht das Zepter führt“.

Pröttel

Wat versteit mer unger Pröttel?

Pröttele meint brodeln. „Pass op de Milch pröttelt (brodelt)! Wann die üvverpröttelt jitt dat en jroße Biesterei!“ „Do ahle Pröttelspott/ahl Pröttelshex (Nörgler, Besserwisser), bes doch nit immer esu pröttelich (brummig)! Lück die et all' besser wesse, wesse nit, dat se nix wesse.“ Pröttel odder Pröll kann ävver och noch jet anderes bedügge, nämlich ahle Krom (Gerümpel). „Die Wonnung vun dem Liss ess et reinste Pröttelslager; volljestopp met ahlem Pröttelskrom. Vör luuter Pröttel kanns de do nit tredde.“ „Dat läuf op jede Pröttelsmaat (Flohmarkt) un käuf immer ahle Pröll. Do kann der Will (der Mann vun dem Liss) noch esu erömpröttele (murren, schimpfen), dät Liss määt wat et well!“

Prumme

Wat versteit mer unger Prumme?

„Prima, prima, prima Prümmcher./ Prima, prima, prima Prumm./ Jo dat ess jet för der Jung (schlääch ess, wä schlääch denk!)!“ Dat Leedche vum

Herbert Bertrand us dem Johr 1949 hät en Kölle för Buhei (Aufruhr) je-
sorch. Su verklemmp (gehemmt) wor mer domols noch. E ander Leedche
üvver Prumme hann de Veer Botze jesunge: „Am Kromme Böchel steit ne
ahle Prummebaum./ Prima Prümmcher, prima Prümmcher hängen draan./
Wä sich ei plöck, dä hät ne wunderbare Draum,/ vun dem prima, prima
Prümmchesprummebaum." Am Kromme Böchel (Weg, Straße: Krummer
Büchel) soll et e Püffje (Freudenhaus) jejovven hann. Met Prumme ka'mer
Prummekumpott koche, en leckere Prummetaat backe odder Schabau, ne
Klore (Schnaps, Branntwein) brenne.

Pückelche

Wat versteit mer unger nem Pückelche?
„Maach nit esu ne Puckel (kummen Rücken), halt dich jrad! Nit för ömesöns
schängen se dich Puckellissje." „Ich kann nix doför. Ich hann no ens dat
Pückelche. Domet hann ich och e Püngelche (eine große Last) ze drage."
„Do bes doch e lecker Nückelche. Häss vörre un hinger e Pückelche! Ävver
do kanns dich trüste, jedes Mädche kritt ene Mann, wann se och ne Puckel
hann." Ne Puckel (Buckel) nennt mer och en Reuz (Tragkorb). Der Speimanes
vum kölsche Hännesche Thiater hät en usjewahße Reuz un speut och noch
beim Spreche. Trotzdäm ess dä puckellöstich (kreuzfidel). Wä sich aan dem
singem Puckel stört, kann im der Puckel eravrötsche. Üvver dä ka'mer sich
ne Puckel laache.

Püddelche

Wat versteit mer unger nem Püddelche?
Eijentlich ess ne Puddel ein Pudel (Hunderasse). Üvverdrage op ne Minsch
(Mensch) versteit mer unger nem Puddel, nem Püddelche, ei e bessje pud-
delich (unordentliches, liederliches) Lissje (Mädchen). „Met däm Püddelche
well ich nix ze dunn hann. Sulang dat nit ens em Wasser erömjepuddelt ess
(sich gebadet hat), bliev dat mer us der Bud (Wohnung)." „Dat mööt mer

ens puddelnackich (nackt) en et Wasser zoppe, domet dat ens puddelnaaß (nass, wie ein begossener Pudel) weed." „Et ess ävver och e leev Püddelche, wat sich vör keiner Puddelsarbeit (Schmutzarbeit) dröck." „Kei Wunder, dat dat immer wie e Dreckspüddelche erömläuf." „Ich jonn jetz käjele (kegeln). Hoffentlich werfen ich keine Puddel (och Kall /Fehlwurf beim Kegeln)."

Püngel

Wat versteit mer unger nem Püngel?

„Mer woren op der Müllemer Kirmes un hatte ne Püngel (eine Menge) Freud." „Wann de met nem Püngel Pänz (vielen Kindern) dohin jeis, kanns de ävver och e Püngelche Jeld loss wäde. Un vun wäje ne Püngel Freud: Unse kleine Fitzemann (kleines Jüngelchen) moote mer der janzen Daach erömpüngele (herumgetragen). Kaum hatte mer dä em Kinderwage, wollt dä widder jepüngelt (getragen) wäde. Dä ess esu wibbelich (unruhig) wie e Püngelche Flüh (eine Menge, einen Haufen Flöhe). Mer meinten allt, dat'e nit richtich aanjepüngelt (angezogen) ess un mer hann in aan- un usjepüngelt (an- und ausgezogen). Wat mer all' för dä metpüngele (mitnehmen) moote!" „Jo, jo, jederein hät si Püngelche (seine eigene Last) ze drage."

Puff

Wat versteit mer unger nem Puff?

Wa'mer säht: „Ich jonn diese Ovend en der Puff (ins Freudenhaus) de Puffmadämmcher (die Freudenmädchen, Huren) besöke", dann weiß jeder wohin dä jeit. Dat Woot Puff jenau verklört ess ene Knall odder en Knallzijar (Ohrfeige) odder ne Knuff, ne Schlaach met der Fuus. „Waat av, wann ich Dich krijje! Dann kriss de se öntlich jepuff!" „Dä ärme Käl! Dä kritt mih Püff (Schläge, Prügel) wie ze kimmele (essen)." Puffel odder Püffelcher sin klei Köjelcher (kleine Kuchen, Teilchen) met Heff jebacke för ze müffele (genussvoll zu essen). Wie mer bei Puff (Schlag, Knall) op Puff (Freudenhaus) jekummen ess, kann sich jo jeder selver usmole.

Pump

Wat versteit mer unger ner Pump?

Fröher moot mer för Wasser ze holle aan de Pump jonn. Us Juxerei (aus Spass) woodt mer dann och allt ens unger de Pump jezopp (getaucht). En nem altkölsche Leedche heiß et: „Aan dem Schwengel litt et nit, dat die Pump kei Wasser jitt (An der Schwingstange/Pumpeschwengel liegt es nicht, dass die Pumpe kein Wasser gibt)." Pumpe meint ävver och noch jet anders, nämlich lihne (leihen). „Däm pump ich nix mih, dä käuf et all' op Pump. Vun däm Pumpjee (Schuldenmacher) kritt mer keine Penning widder." Mänche Weet (Wirt) hät en singer Weetschaff en Pump stonn. Do steit dann draan: He weed nit jepump (he jitt et kei Bier op Pump)!

Pussasch

Wat versteit mer unger ner Pussasch?

„Jestere hann ich der Will met singer neu Pussasch jesinn (Gestern habe ich Willi mit seiner neuen Liebschaft gesehen)." „Et woodt och langksam Zick. Mer hatten all Angs, dä fingk nie de richtije Pusseer. Ävver pusseere ess evvens nit däm sing Saach." „Dä hät sich met der Erömpusseererei Zick jeloße. Dä hatt jet anderes em Kopp, wie eröm ze pusseere. Bes jetz hatt dä kei Weech (Mädchen) jefunge, wat met im pusseere wollt." „Et ess jo och jar nit esu eifach, de richtije Pussasch ze finge. Hä ess evvens keine Pusseer-stengel, dä jedem Wieverrock nohläuf." „Wa'mer ävver ze alt ess, weed mer nit mih pusseet."

Puute

Wat versteit mer unger nem Puute?

„Och, loor ens wat e lecker, klei Pütche (kleines Kind)." „Jo, wann se klein sin, sin se lecker. Ävver dann künne janz fies Puute druss wäde." „Jott ze Dank hann ich ming Puute (Kinder) jroß. Hück künnt ich dat Puutejedöns och nit mih metmaache. För dä Puutekrom muss mer selvs jung sin." „Häss de Puute, ess et nix, häss de kei Puute, ess et och nix. „Mi Enkelche ess e adich (artiges) klei Pütche, wat ich nit mih messe mööch. Mer kann och vill Freud aan dem Puutekrom hann." „Do kanns se jo widder avjevve. Dann freut mer sich, wann se kumme, un ess jlöcklich, wann se jonn." „ Ävver bes ens ihrlich, wat wöre mer dann ohne uns Puute?"

Quallmann

Wat versteit mer unger nem Quallmann?

Op ner kölschen Fooderkaat (Speisekarte) fingk mer Hirringe met Quall-männer. Hirringe, dat sin Fesche (Heringe). Un wat sin Quallmänner? Jo, die Kölsche wesse dat. Quallmänner sin met der Schal jekochte Ädääpel (Pellkartoffeln). Un wat sin Ädääpel? Dat sin op Huhdütsch Kartoffeln. Un jetz weed der Kölsche widder däftich. Ess ne Minsch deck un opjequolle, hät hä flöck dä Spetzname „der Quallmann" fott. Nimmp mer jetz et „Diminutiv" un säht Quallmännche, dann ess dat leev jemeint. „Kumm ens her, mi lecker Quallmännche. Do bes zom Jlöck keine verdrüschten Hirring. Met deer hält mer doch winnichstens jet en de Ärme."

Quant

Wat versteit mer unger nem Quant?

Quant ess eine vun de ville Name för Pänz. Wann einer för e Püütche (kleines Kind) säht: „Kumm ens bei mich, du luse, kleine Quant (kleiner Schelm)", dann ess dat leev jemeint. För kölsche Puute jitt et en janze Häd Usdröck. Einer hät sich ens die Möh jemaat, un Kölsche Name för Quös zesammeje-sook. Bei hundertunelf hät'e opjeho't. He nor e paar dovun: Babaditzje, Balch, Ditti, Düselche Fant, Fetz, Futzemann, Hätzje, Knaggendresser, Knaggendotz, Köttel, Krott, Leckerche, Lotterbov, Möbbelche, Müsje, Nützje, Pannestätzje, Poosch, Stinkes, Stropp, Titti, Trabant un jetz och Neukölsch: Kids.

Quatschkaastemännche

Wat versteit mer unger nem Quatschkaastemännche?

Dat Woot mösse mer opdeile. Zoehsch ens Quatsch. „Verzäll nit esu ne Quatsch (Unsinn)!" Quatsch kann och Matsch (breiige Schlammmasse) bedügge. „Do ben ich met beidse Föß en die Sot jequatsch." He ess ävver ne Quatschverzäll (Geschwätz) gemeint. „Die Quatschschnüss/der Quatschkopp (Schwätzer) hät mer widder e Ohr avjequatsch. Dä Quatschverzäll ka'mer sich nit lang aanhöre!" Jetz dat Woot Kaastemännche. E Kaastemännche wor fröher ne zweiunenehalve Selverjrosche, dä en de Kass odder en ne Kaaste (Kasten) kom. Säht mer ävver: „Dat ess e Quatschkaastemännche!", ess domet einer jemeint, dä off un jän ne langwielije Quatschverzäll hält.

Quatschverzäll

Wat versteit mer unger quatsche/quaatsche?

Das sind zwei Wörter mit verschiedenen Bedeutungen. „Ich verroden deer jetz jet, halt et ävver för dich un quatsch (erzähle) et nit wigger." „Ich quatsche (spreche) nit drömeröm un sage wat ich denke." „Do Quatschkopp/Quatschmul (Schwätzer)! Halt dinge Quatschkrom/Quatschverzäll (sinnloses Gerede) för dich!" „Dat ess mer alles quatschejal (gleichgültig)!" „Immer, wann ich de Tant Nett besöke jonn, muss ich mer där ehr Jequaatsch (Stöhnen, weinerliches Klagen) aanhöre." „Jo, die kann einem de Ohre vollquaatsche (volljammern)." „Die Tant hät allerhands zo vererve (vererben). Doför ka'mer sich der ehre Jequaatsch allt ens aanhöre."

Quetsche

Wat versteit mer unger Quetche?

He sin met Quetsche Prumme (Pflaumen) jemeint. För en jot Prummetaat muss de Quetsche nemme. De Quetsche ka'mer och enmaache, koche, drüje odder mer kann Schabau (Schnaps, Brantwein) druss brenne. De Jroß verzällt:

„Bei uns em Jade stundt ne Quetschebaum. Nohm Kreech hät der Ohm em Keller selvs Schabau jebrannt. Ei Johr jov et esu vill Quetsche, dat et jeden Daach Quetsche ze esse jov: ens Quetsche-Kumpott, ens Quetsche-Taat, ens Quetsche-Pannekoche. De Quetsche komen uns bal am Hals eruss. Mer komen nit mih vum Höffje. Johrelang kunnt ich kein Quetsche mih sinn. Hück quetsche (och petsche) ich meer allt ens e Quetsche-Schabäuche, wat mer och unger dem Name Slibowitz kennt." Quetsche meint ävver och jet klein quetsche (zerdrücken). Dat verklöre ich ävver e andermol.

Quisel

Wat versteit mer unger ner Quisel?

Unger ner Quisel versteit mer e Frauminsch, wat brav un fromm deit, ävver janz et Jäjendeil dovun ess. E Wohrwoot säht: „Dat ess esu fromm. Dat piss (uriniert) Weihwasser!", odder: „Dat kritt unse Herrjott bei de Föß (umfasst die Füße vom gekreuzigten Heiland am Kruzifix)." Fröher dät mer och en Lehrersch (Lehrerin, meistens unverheiratet) Quisel schänge: „Et Marie ess en (ahl) Quisel jewoode. Dat meint och söns immer, jedem sage ze mösse, wat'e ze dunn un ze loßen hät." Mer säht och Quiselmatäntche (ma tant = meine Tante) doför. E ander Wohrwoot säht: „Leevje, dunn nit esu quiselich, dat weed mer ze jriselich (Meine Liebe, tu nicht so tugendsam, kleinlich, das wird mir zu gruselig, unheimlich)."

Raafalles

Wat versteit mer unger nem Raafalles?

Mer hädderer (es gibt Leute) die et janze Levve raafe (zusammenraffen) un schrabbe (zusammenscharren), öm för rich ze sterve. Dann freuen sich de Erve! Su en Minsche nennt mer och Raafalles. Die hann och e Hängche doför, ander Lück jet vör der Nas fottzeraafe (wegzureißen). Wat hann die vun der Raaferei? E Wohrwoot säht: „Paaf(e)jot (Pfaffengut, Kirchengut), Raafjot (Raubgut)! Düvel halt der Sack op." Et Pitterche hät singem Bröderche et Ies us der Hand jeraaf. Dä hät allt ne fiese Raaf am Liev. Un dann ess im dat Ies en de Sot (in den Rinnstein) jefalle. Dat hät'e jetz vun singer Raaferei. Av- un fottraafe muss mer künne.

Rabaue

Wat versteit mer unger Rabaue?
En Kölle kennt mer en Musickjrupp, die sich „De Rabaue" nennt. Die ess em Johr 2001 jejründt woode, kütt us Grevenbroich un ess em Kölsche Fasteleer met schön Leedcher bekannt jewoode. Woröm die sich Raubaue schänge, weiß ich och nit. Denn unger nem Rabau versteit mer en Kölle ne Minsch, dä sich wie ne Fläjel odder en Krat benimmp. „Beim Foßballspill hann widder e paar Rabaue de Sau eruss jeloße (sich daneben benommen). Die hann erömjebrollt un et jov en fiese Klopperei." Dat pass üvverhaup nit bei die Musickjrupp „De Rabaue"! Dat sin janz maneerliche (anständige) Kälcher. Et jitt en Appelzoot „Rabaue", die söß un saftich ess. Vielleich hann se sich noh der Appelzoot su jenannt!

Rän

Wat versteit mer unger Rän?
„Et ess aan einem Stöck, aan einem Stöck am räne./ Mer süht kein Stäne, vör luuter räne./ Jo, dat ess jo och doll un litt do draan, dat et bei su nem Wedder immer ränt…" Dat ess us nem ahle Leedche vum Jupp Schmitz. Der Rän (Regen) kann nohloße odder sich setze, nämlich dann wa'ne ophö't. Petsche de Höhnerauge (stechen die Hühneraugen), dann weiß mer, dat et Rän jitt un määt e Jeseech wie sibbe Daach Rän. Et kann ävver och siefe, fisele, risele un klatsche, för e Beispill vum Himmel huh met Emmere. Wann et ränt un de Sonn schingk, dann hät der Düvel Kirmes. Un wa'mer säht: „Dä! Do ha'mer der Rän!", dann meint mer domet, dat jet verkeht (schief, nicht wie geplant) jelaufen ess.

Räsoneres

Wat ess ne Räsoneres?

Ne Räsoneres ess einer, dä et all' besser weiß un meint, hä mööt ander Lück zeije wo et lang jeit; dä se ‚zor Räsong' (zur Vernunft) brenge well. Met ander Wööt, dä einem säht, wat richtich un wat verkeht ess. Dä hö't sich selver jän räsoneere (reden, urteilen, palavern) un meint, nor si Versteisdemich (aus: verstehst du mich, Meinung) wör et Evanjelijum (die alleinige Wahrheit). Dä räsoneet üvver Jott un de Minsche. Neres kütt us dem Name Renerus/Reiner. Wobei mer jetz nit aannemme soll, dat all' die, die Reiner heiße, Räsoneresse (Besserwisser) sin. Em Jäjendeil. Ich kenne nette Lück, die Reiner heiße. Ess ävver einer su ne Resonör, määt mer et Bess ne jroße Boge öm dä eröm.

rammdösich

Wat versteit mer unger rammdösich?

Et jitt Lück, met denne ka'mer nit lang zesamme sin, ohne dat die eine rammdösich maache. „Dä Jupp määt mich met singem Käuverzäll (langweiliges, sinnloses Geschwätz) knatschjeck. Bei däm ka'mer rammdösich wäde." Mer kann ävver och, wann de Musick ze laut, de Pänz rotzfrech sin, odder mer allt stundelang em Stau steit, rammdösich wäde. Ramme meint jo eijentlich jet irjends erenhaue, erenramme un dösich suvill wie duselich (schwindelig). Jetz muss mer sich vörstelle, mer kritt unjewollt jet erenjerammp, wat eine janz dösich/duselich (schläfrig, benommen) odder knatschjeck (verrückt) määt. Jetz weiß mer och, wat mer unger nem Dusel/Duseldeer versteit.

Ramsch

Wat versteit mer unger Ramsch?

Ich jonn och allt ens en et Städtche öm för ze lore, ov ich nit an de Klamotteständ e Schnäppche maache kann (ein preislich vorteilhaftes Kleidungsstück erwerben kann). Off ess vill Ramsch (Ausschussware) dobei. E paar

Wiever (Frauenspersonen, he nit kott jemeint) un ich ramschen dann en dem Ramsch eröm. Mänches Mol hät mer Jlöck, määt ne jode Ramsch (och: e jot Schnäppche) un käuf dann och allt ens e Deil (ein Teil, hier Kleidungsstück), wat mer jar nit bruche kann. Off weed einem e jot Rämschje vör der Nas fottjeramsch (och fottjeschnapp). Mäncheiner hät och e Hängche, andere jet fottzeramsche (och rapsche). Dann künnt mer us der Botz springe (Das ärgert einen dann sehr).

Rappel

Wat versteit mer unger nem Rappel?
Wann et Marieche (Maria) ne Rappel (hier einen Putzanfall) kritt, fängk dat wie jeck aan, de Bud ze putze. Et ess allt jet rappelich (nicht mehr ganz jung), ävver trotzdäm nit opzehalde. Dann rappelt dat met dem Hülbesem (Staub-sauger) un Stäuver (Handfeger) durch de Bud (die Wohnung, das Haus), dat de janze Famillich laufe jeit. Mänches Mol merken ich, dat ich och esu ne Rappel krijje. Dann setzen ich mich janz stell en en Eck un waade, bes dä Aanfall vörbei ess. Mer kann ävver och met de Jrosche en der Täsch rappele. Em Hervs rappele die Nöss vun de Bäum. Wann einer nit richtich tick (nicht normal ist) dann rappelt et bei dem em Jeheenskässje (im Gehirn, Oberstüb-chen). För su einer säht mer dann och Rappelkopp.

Rappeledames

Wat ess ne Rappeledames?
Dä Name Dam kütt vun Adam un rappele meint op Huhdütsch klappern. Ne Rappeledames ess alsu einer, dä nix leis un met Jeföhl maache kann. Wann su einer des Naaks heimkütt, weck dä et janze Huus op. Un wann dä en Dör vun nem Auto zoschleit, ka'mer Angs krijje, die janze Kess feel usenein. Su einer nennt mer och Rubbelekanes odder Rubbelendores. Dä Name Dores kütt vun Dei = Theo un rubbelich meint op Huhdütsch unsanft. Oh weih! Hoffentlich kennt jetz keiner eine, dä eine kennt, dä rappelich (nervös, zap-

pelich, aufgeregt) ess un meint, dä wör jemeint. Dann hann ich ne Rappel-kaste (einen zornigen, aufgeregten Menschen) am Hals. Dann rappelt et em Katong (Dann gibt es Ärger).

Rebbejespenz

Wat versteit mer unger nem Rebbejespenz?

Dä Pitter hät nix op de Rebbe (Rippen). Dä ess et reinste Rebbejespenz (Rip-pengespenst), ne dönne Minsch, bei dem mer de Rebbe zälle kann. Dä sollt öfters Reppcher (Schweinerippchen) verkimmele (verzehren). Sing Frau kann im och ens e fett Süppche us nem Rebbestöck vun nem Oß (Suppenstück von einem Rind) koche, domet ens jet aan dä draan kütt (damit er zunimmt). En der romanische Kirch Zi (Zint) Märje (Sankt Maria im Kapitol) hängk e Rebbejespenz/Knochejerämsch (Skelett) vun nem Wal (Der Wrede meint, et wör ne Dinosaurier jewäse.) aan der Wand, wat mer en der Nöh vun Zi Märje jefungen hät.

Rejalt

Wat versteit mer unger Rejalt?

„Dä Ahl (der Alte) ess ne Nöttelefönes (ne Nöttelspitter, ein Nörgler). Dä well et Rejalt hann (der will über alles bestimmen). Dä un sing Ahl (Alte/Ehefrau, nit jrad fing jesaat) zänken sich immer dodrüvver, wä em Huus et Rejement hät. Dä eine well dä andere rejeere (bevormunden). E Wunder, dat jeder määt wat'e well. Do ess keine Rejeer em Hus (keine Ordnung im Haus). Wie die allt erömlaufe! Die mööten sich ehsch ens selvs rejeere (waschen und ordentlich anziehen). Die krijjen dat eifach nit rejeet (geregelt). Och die Pänz laufen unrejeet (unordentlich) eröm. Dat darf mer denne ävver nit sage. Die reajeere dann hungsjemein (Die werden dann sehr ausfällig).

Remcher

Wat versteit mer unger Reme/Remcher?

Ne Reme (Riemen, Gürtel) ka'mer avschnalle, wa'mer einer verkamesöle well odder enger schnalle, wa'mer Kohldamp schiebe (hungern) muss. Et kumme schläächte Zigge, mer müsse der Reme enger schnalle. Wa'mer säht: „Rieß dich am Reme", dann meint mer domet, dat mer sich aanstrenge soll, för jet besser ze maache. Hät einer op einer der Buch voll Woot, dann höt mer dä schänge: „Wann ich dä krijje, dä schniggen ich op Remcher (us däm maachen ich Kleinholz, dä kritt Aska met Schohnsnähl). „Do häss Ding Schohn (Schnürschuhe) nit richtich zojebunge. Pass op, dat do nit üvver ding Schohnsbengel/Schohnsreme fälls." Mer kann sich ävver och en de Reme läje, nämlich dann, wa'mer sich besonders aanstrenge muss. Odder beim Rudere, wa'mer flöck fottkumme well.

Reme

Wat versteit mer unger 'Treck im e paar mem Reme'?

Fröher ha'mer op Fastelovend jesunge: „Treck im e paar,/ treck im e paar,/ treck im e paar mem Reme!/ Hann däm Mädche nix jedonn,/ et wor ze ärch am räne!" Ich hann mer üvverlaat, wat dat Leedche bedügge künnt, denn trecke heiß jo eijentlich ziehen. Aan ner Ling trecke. Et heiß ävver och weiter- ziehen, wiggertrecke. He ess ävver verkamesöle jemeint. Treck im e paar mem Reme (Zieh ihm mit dem Riemen eine über). Vielleich hät ne iefersüchtije Kabänes dat jebröllt: „Halt en fass un treck im e paar mem Reme!" Dä hät ävver dann jejömert: „Ich hann dem Mädche nix jedonn. Et wor ze ärch am räne!" Wann einer et besser weiß, kann'e sich jo bei mer melde.

Remmel

Wat versteit mer unger nem Remmel?
En nem schöne Leedche vun de Bläck Fööss heiß et: „Trautche, ich jläuv uns Ernte weed jot./ De Ääpel sin deck un der Hafer nit koot./ Trautche rötsch jet nöher zo meer, denn der Remmel (Holzriegel), der Remmel ess op der Dür./" Met ander Wööt, die zwei sin jot enjeremmelt un keiner kann se störe. Mer kann ävver och ne Remmel/Rammel (großes Stück) Brut avschnigge. „Nä, wat ne Remmel, domet ben ich jo drei Daach satt!" Wa'mer ävver säht: „Dat ess der villeich ne Remmel (ne Borebellremmel, Bauerntölpel)! Dä ka'mer nit för Jots metnemme", dann meint mer domet einer, der sich nit benemme kann, för dä mer sich schamme (schämen) muss. Remmele odder rammele heiß och noch jet anderes. Dat darf ich he ävver nit schrieve!

Renommeerstengel

Wat versteit mer unger nem Renommeerstengel?
Däm Renommeerstengel (Angeber, Prahler) kanns de nix jläuve. Däm sing Renommasch (Wichtigtuerei, Protzerei) jeit einem op der Wecker (geht einem auf die Nerven). Üvverall renommeet dä eröm wat'e all hät un all kann. Met däm wolle mer nix ze dunn hann. Met däm kanns de nit renommeere (prahlen, angeben). Däm Renommeerstengel (Strunzbüggel) jeit mer et bess us dem Wääch, denn dä ess kei Renommee för uns (das ist kein Umgang für uns). Fröher hatte mer en Renommeerstuff (Wohnzimmer, eine gute Stube), en die mer nor des Sonndaachs un aan de Fierdäch eren dorfte.

Reuz

Wat versteit mer unger ner Reuz?
Mer säht: „Besser en Reuz wie ne Puckel." „Ävver en Reuz (Höcker, Auswuchs auf dem Rücken) ess doch ene Puckel!" Wer weiß ävver allt, dat met ner Reuz ne Puckel jemeint ess? Der Speimanes vum kölsche Hännesche-Thiater hät

en usjewaaße Reuz. Usserdäm späut dä noch beim Spreche. Reuz meint ävver och ne Korv (Korb), dä mer om Rögge drage kann (Rückentragekorb). Ess ene Minsch dönn un e lang Laster (e Schängereiwoot för ne lange Minsch, dä nit jot jeledde ess, dä schläächte Jewende/Angewohnheiten, Laster hät) dann säht mer för su eine och: „Dat ess en Reuz". Dann weiß mer allt tireck Bescheid. Odder och nit.

Rießkiddel

Wat versteit mer unger nem Rießkiddel?
Rieße meint reißen un ne Kiddel ist ein Kittel (Arbeitskittel, Schürzenkittel). Ne Rießkiddel ess einer, dä alles kapottrieß. För e Beispill e Pööschje (ein männliches Kind) wat sich off de Botz beim Spille zerrieß. Fröher wor dat eifacher. Do kräht esu ne Rießkiddel en Ledderbotz (Lederhose). Ävver die sin janz us der Mod jekumme.
„De Famillich vun däm hät doch suwiesu nix ze rieße un ze bieße (die Familie ist arm). Do kann ich mer jot vörstelle, dat dä ärm Mamm der Jedoldsfaddem (Geduldsfaden) rieß un dä et vun där jeresse (Ress, Haue, Prügel) kritt." „Dat ess ävver e jeresse (schlau) Pöschje. Dä versteit dann, Rießus ze nemme." „Dä sollt sich am Reme rieße un besser oppasse. Dann dät dä och nit esu vill zerrieße."

Rievkoche

Wat versteit mer unger Rievkoche?
De Bläck Fööss singe en nem Leedche: „Mamm, Mamm,/ schnapp der de Pann,/ mer wolle Rievkoche hann./ Rievkoche sin en Tilekatess,/ die schmecken et allerbess." Un dat stemmp! Ich kenne keiner, dä, jenau wie Ääzezupp (Erbsensuppe), kein Rievkoche (Reibekuchen, aus rohen geriebenen Kartoffeln in Öl gebacken) maach. Fröher jov et de Rievkocheallee. Vör allem em Kreechmaatsveedel (Griechenmarktviertel), en Stroße alsu, en denne Fraulückcher sich met Backe vun Rievkoche e paar Jrosche verdeent hann.

Hück jitt et Rievkochebude, met denne et Jeld jescheffelt (viel Geld verdient) un en Kiddele (Kittel, Schürzen) erussjedrage weed.

Röbekruck

Wat versteit mer unger Röbekruck?
Röbe sind Rüben un Kruck ist Kraut. Röbekruck ess ei us Zuckerröbe jemaat söß Krückche (eingedickter Saft aus Zuckerrüben). Wie et em Kreech un vör allem noh dem Kreech nix ze bieße (nichts zu essen) jov, hann de Lück op de Felder Röbe jekläut un do druss dann Röbekruck jemaat. Dat wor zwor verbodde (verboten), ävver de Minsche hatten Schless (Hunger). Dann jov et Maisbrut (aus Mais gebackenes Brot) met Röbekruck. Dat kom einem bal am Hals eruss (das hatte man sehr schnell über). Et jov Lückcher, die kunnte johrelang kei Röbekruck mih sinn (geschweige denn essen). Hück ess Röbekruck, vör allem met Rievkoche, widder en Tilekatess.

Schlavittche

Wat versteit mer unger nem Schlavittche?
Schlavitt ess op huhdütsch Schlagfittich, de Schwungfeddere (Schwungfedern) bei Vüjjel. Op Kölsch ess et ne Krage (Kragen) odder ne wigge Ärmel (ein weiter Ärmel) aan nem Wöbche (Kleidungstück) jemeint. „Pass op, ich kummen der jlich ens aan et Schlavittche (ich komme dir an den Kragen)." Mer kann einer ävver och beim Schlavittche krijje odder am Schlavittche hann (packen, festnehmen).

Schudder

Wat versteit mer unger Schudder?
Schudder ess op Huhdütsch Schauder. „Ich krijje ne Schudder, wann ich draan denke, wie dat jebletz un jedonnert hät." „Ich kunnt die Zupp nit esse, ich hann ne richtije Schudder kräje." „Die verdötschte Katz, et hät mich

jeschuddert, wie die jrad meer üvver de Föß jelaufe ess." „Immer wann ich durch dä düüstere (dunkle) Jaade laufe, dann schuddert (ängstigt) et mich, et künnt jo einer hinger nem Baum stonn." „Dä ärme Höösch (Mensch) wor esu malätzich (krank, aus dem Französischen von malade), dat hä vör Feber jeschuddert (gezittert) hät".

Schudderhot

Wat ess ene Schudderhot?
Schuddere ess op Huhdütsch Schauder, un Hot ess op Huhdütsch ein Hut. Ne Schudderhot ess jetz keine Hot, dä sich schuddert, nä, su nennt mer einer, dä en dreckelije un zerresse (schmutzigen und kaputtenen) Wöbcher (Kleidungsstücke) erömläuf. Vör däm mer sich schuddert (schaudert). Alsu, ne ärme Höösch (Mensch), dä nix aan de Föß hät (nichts besitzt). En nem Rümche vun Fritz Fremery us dem Johr 1909 heiß et: „...Sing Botz hingk aan zwei Engkcher Koht (zwei Kordelstücken),/ dä Schohn (Schuh) am letzte Penn (Holzstift)./ Hä trook als räächte Schudderhot,/ zor Hahnepooz eren. (Vun dä Zoot laufen hück en janze Häd en der Stadt eröm.)

Schwademage

Wat ess ene Schwademage?
Schwade ess op Huhdütsch erzählen, schwätzen un Mage künnt mer met „Magen" üvversetze, alsu ne Mage dä schwadt, wat jo Käu (Unsinn) ess. (Et jitt Lück, die künne mem Buch schwade, die sin he ävver nit jemeint.) Met he där Schwad ess en Speck- un Schinkeschwat (Speckhaut des Schweins, also Schwarte) jemeint. Ne Schwademage (Schwartenmagen) ävver ess en jeföllte Woosch, met Speckschwad, Ennereie (essbare Eingeweide), vill Peffer un Salz draan. Die kunnt odder ka'mer beim Metzjer (Fleischer) kaufe. „Doot mer e Veedelpund (Viertelpfund) Schwademage." Eine derbe Redeweise: „ Loor ens dä Schwademage (dicker Mensch)! Der friss (isst) sich noch ens de Auge zo".

schwadroneere

Wat versteit mer unger schwadroneere?

Die Schwad kann en Speckschwad (Speckrinde, Schwarte) vun der Sau, die Huck vun nem Minsch (Menschenhaut) odder et Fell vun nem Deer sin. In derber Rede: „Pass op, ich kummen der jlich aan ding Schwad (Drohung mit Schlägen, Prügel)!" „Hä/Sei kütt im aan et Fell!" „Treck ens ding decke Schwad (dicker Leibesumfang) en un loß mich elans (vorbei)." Mer kann einem ävver och jet för de Schwad (die Wahrheit ins Gesicht) sage. „Halt de Luff aan un schwad (rede, schwätze) nit esu vill!" Einer dä vill schwadt, nennt mer och Schwadronör (Schwätzer, Prahlhans). „Ich setze nit jän nevven däm. Dä schwadroneet (schwätzt, prahlt) meer e Ohr av (ein Ohr ab, geht mir auf die Nerven)!"

Suffkrad

Wat versteit mer unger ner Suffkrad?

En Krad ess em Huhdütsche eine Kröte oder ein Frosch. E Wohrwoot säht: „Setz en Krad op ne jolde Stohl, se höpp doch widder en der Pohl (Setz eine Kröte auf einen goldenen Stuhl, sie hüpft doch wieder in den Pfuhl, stehendes, trübes Wasser)." „Do krabitzije (eigensinnige, zänkische) Krad, benemm dich nit esu kradich! Wann ich aan dich kumme, jitt et Knuuze (Schläge)." „Die Suffkrad (Trunkenbold) hät uns jrad noch jefählt, dä kütt off kradevoll (völlig betrunken) heim." „Die jemein Krad hät mich och allt kujeneet (gemein behandelt). Wann ich dä krijje, schlagen ich dä kradeplatt (wie eine plattgefahrene Kröte)." „Met däm Kradepack welle mer nix ze dunn hann."

Suffül

Wat ess en Suffül?

Well mer dat Woot us dem Kölsche üvversetze, dann ess en Suffül eine Saufeule, ein Trunkenbold, einer dä esu vill süff (trinkt), dat im de Auge wie ner Ül

(Eule) vörm Kopp stonn. Derb ausgedrückt. „Mer schenken dem Suffkopp en Fläsch Schabau (Kornweinbrand). Dat bruch die Suffühl, die jemein Suffkrat (Krat/Kröte).“ „Die ahl Suffül du´mer nit mih enlade. Dä süff sich esu voll, dat´e nit mih jrad jonn kann. Dä süff uns ärm.“

Vijülche

Wat versteit mer unger nem Vijülche?
„Ich hann de ehschte Vijülcher (Veilchen) jesinn, et Fröhjohr ess nit mih wick.“ „Kütt löstich de Vijülcheszick (Veilchenzeit), dann op et Hätz sich deit (das Herz sich öffnet).“ „Däm verkäuf mer kein Flette (Nelken) för Vijule (dem kann man nichts vormachen).“ En nem Rümche vum Hans Jonen heiß et: „Do kichert et unge wie Selver (Silber) su hell, Vijülcher laachen un kuschlen em Jras, erbevven (erbeben) vör Jlöck, wie heimlich un leis et Fröhjohr üvver de Äd hintaas (das Frühjahr über die Erde tastet).

Visaasch

Wat ess en Visaasch?
Dat Woot kütt us dem Französische, vun visage (Antlitz, Miene, Gesichtsform). Eine derbe Ausdrucksweise ist: „Häs de däm sing Visaasch (Gesicht) jesinn? Met däm mööch ich nit spazeere jonn.“ „För sing Visaasch kann doch keiner jet. Dä hät sing Visaasch och nit selver jemaat!“ „Jestere hann ich et Lisbeth (Elisabeth) met nem neue Kabänes (Freund, Liebschaft) jesinn. Ich ben ens jespannt, wat dä Pitter för en Visaasch (Miene) määt, wann ich däm verzälle, dat si Leevje fremb jeit (nicht treu ist).“

Vugel

Wat versteit mer unger nem Vugel?

„Ne schläächte Vugel (Vogel) ess, wä si eije Ness bedrieß!" Dat säht mer för einer, dä fies üvver sing eije Famillich, Fründe, Kolleje odder Heimat sprich. Mer kann ävver och ne Vugel hann. „Zeich mer ens, wo di Vüjjelche setz!" Dat säht mer dann, wa'mer einer nit för voll nimmp (nicht ernst nimmt, einem nicht glaubt). Och kann mer wie e Vüjjelche (wenig) esse. Ne leichte Vugel ess einer, dä lidderlich (liederlich, leichtfertig) lääv un sujar der Oma ehr klein Hüsje versüff (versäuft). Ne Suffkopp kann vill Vüjjelcher (Gläser voll Schnaps) verdrage.

Zebingemännche

Wat ess e Zebingemännche?

Hoot mer fröher en der Stroß rofe: „Hadder nix ze binge?", dann woss mer, der Zebingemann (Kesselflecker, Kesselläpper) ess do. All dat, wat kapott jejange wor, ov Kanne, Schössele, Teller odder Pött, woodt vun im met Droht odder Kitt widder zesammejefleck. Hück bruch mer dat nit mih. Hück heiß et: Kapott? E neu! Mer säht och för ne Minsch, dä se nit all' op der Reih hät (der nicht ganz normal ist): „Och, dat ess e ärm Zebingemännche!". Och nennt mer e ze klein odder ze dönn jerode Kälche esu.

Zinter Mätes

Wat versteit mer unger Zinter Mätes?

„Der hellije Zinter Mätes, dat wor ne jode Mann. Der jov de Kinder Kääze un stohch se selver aan", heiß et en nem Leedche. Met dem hellije Zinter Mätes ess der heilige St. Martin jemeint. Dä rigg (reitet) am Mätesovend (10. November, am Ovend för dem Mätesdaach 11.11.) op nem wieße Pääd durch de Stadt un trick ne janze Fackelzoch Pänz hinger sich herr. Fröher woodten och Mätesförche (Martinsfeuer) aanjestoche. Dat süht mer hück ävver nor noch selde. Noh dem Zoch jonn dann de Pänz en de Jeschäfte un en de Hüser kötte (betteln, fröher hät mer och heische jonn doför jesaat).

zoknöppe

Wat versteit mer unger zoknöppe?
Mer kann e Wöbche (Kleidungsstücke: Anzug, Jacke, Frauenkleid) zo- odder opknöppe (zu- oder aufknöpfen). Mer kann ävver och nem andere Minsch (Mensch) Nüsele (Geld) avknöppe (auf listige Weise oder durch Überredung abnehmen). „Dä versteit et immer widder, mer jet avzeknöppe." „Dise Mond (in diesem Monat) hann se mer widder e paar Mark vun mingem Luhn avjeknöpp (abgezogen)."